守屋榮夫關係文書目錄
모리야 에이후 관계문서

아연사료총서 3

모리야 에이후 관계문서

1판1쇄 | 2021년 5월 11일

편저자 | 이형식(李炯植)
펴낸이 | 김익수
펴낸 곳 | 아연출판부
등록 | 2000년 5월 24일 제6-376호
주소 | 02841 서울특별시 성북구 안암로 145 고려대학교 아세아문제연구원
전화 | 02-3290-1600　팩스 | 02-923-4661
홈페이지 | www.asiaticresearch.org

값 20,000원

ISBN 979-11-89273-21-7 [94020]
ISBN 979-11-89273-02-6(세트)

| 아연사료총서 3 |

守屋榮夫關係文書

모리야 에이후 관계문서

| 이형식 편저/ 이시바시 미치히데·미야모토 마사아키 감수 |

아연출판부
고려대학교 아세아문제연구원

아연사료총서를 발간하며

고려대학교 아세아문제연구원(이하 아연)는 인류의 상호 이해와 문화 증진에 공헌한다는 목표 하에 1957년 한국 최초의 대학 부설 종합연구소로 설립되었다. 이후 아연은 구한국 외교문서와 공산권 연구 총서 및 동아시아 연구 총서, 중국 연구 총서, 한일 공동 연구 총서, 민주주의 총서 등 연구성과의 체계적 집성을 통해 학문적 차원에서 현실을 진단하고 바람직한 미래의 방향을 전망하며, 학제 간 연구를 통한 동북지역 연구를 선도하는 대학 연구소로 그 역할을 충실히 수행해 왔다.

이런 성과를 바탕으로 2008년부터 한국연구재단의 '인문한국'(HK) 사업 해외지역학 분야의 지원 기관으로 선정되어, '동북아시아의 초국가적 공간: 사상, 사회문화, 제도의 교류와 재구성'이라는 연구 의제를 중심으로 대규모 연구 사업을 진행해 왔다. 아연은 '인문한국' 사업의 성과, 각종 동북아지역 연구 지원, 국내외 소장학자 교류 지원 프로그램을 기반으로 한 연구 성과를 아연동북아총서, 아연인문총서, 아연번역총서, 아연사료총서로 발간함으로써 학계에 크게 기여하고 있다.

한편 2019년 아세아문제연구소가 아세아문제연구원으로 거듭나면서 새롭게 〈아연 협동연구 시리즈〉를 기획해서 진행하고 있고 '인문한국'(HK) 사업 종료로 중단되었던 〈아연사료총서〉 편찬을 재개했다.

아연은 설립된 이래 구한국 외교문서, 북한연구자료집, 남로당연구자료집, 한일관계사료집 등 수많은 사료를 편찬하여 한국의 동아시아 연구의 토대를 마련하여 학문의 보급과 발전에 기여한 바 있다. 아연사료총서는 이러한 아연의 사료 편찬 전통을 계승하여 동아시아 관련 1차 사료를 발굴해서 엄선하여 편찬함으로써 널리 이용될 수 있도록 하고자 한다. 이 총서가 한국 학계의 공공재로써 널리 활용되어 동아시아학 발전에 이바지하기를 기대한다.

끝으로 〈아연사료총서3〉이 발간될 수 있게 지원을 아끼지 않은 고려대학교 총장님과 대학 본부에도 다시 한번 감사드린다.

아세아문제연구원 원장

김 익 수

차 례

범 례 /16

해 제 /17

1. 일본인 서한

1. 阿部充家 • 40

1 1920. 9. 11. • 40

2 1924. 2. 16. • 40

3 1924. 4. 22. • 41

4 1924. 6. 28. • 42

5 (연도불명) 9. 22. • 46

2. 斎藤実 • 47

1 1919. 9. 19. • 47

2 1919. 11. 1. • 49

3 1919. 11. 12. • 52

4 1919. 11. 17. • 54

5 1919. 11. 25. • 57

6 1919. 12. 10. • 57

7 1919. 12. 23. • 58

8 1920(추정) 2. 9. • 60

9 1920(추정) 3. 6. • 60

10 1920(추정) 3(추정) 15. • 61

11 1920(추정)월일 불명 • 63

12 1921(추정) 2. 22. • 64

13 1921(추정) 월일불명 • 64

14 1925. 10. 23. • 65

15 1927. 6. 23. • 65

16 1928(추정). 10. 23. • 66

17 1932. 8. 18. • 67

18 1933. 5. 6. • 67

19 연월불명 14. • 68

20 연월불명 • 68

21 연월불명 • 69

22 연월불명 • 69

23 연월불명 • 70

24 연월불명 • 70

25 연월불명 • 70

26 연월불명 • 71

27 연월불명 • 71
28 연월불명 • 72
29 (연도불명) 12.20 • 72
30 연월불명 • 73

3. 山本忠美 • 74

1 1921. 4. 30. • 74
2 1921. 5. 3. • 77
3 1921. 6. 16. • 78
4 1921. 7. 11. • 79
5 1921. 7. 13. • 93
6 1921. 12. 22. • 94
7 1922. 1. 15. • 94
8 1922. 1. 30. • 95
9 1922. 1. 30. • 96
10 1922. 2. 1. • 98
11 1922. 4. 3. • 102
12 1922. 4. 5. • 104
13 1923. 4. 1. • 106
14 1923. 6. 8. • 108
15 1923. 6. 22. • 109
16 1923. 7. 7. • 110
17 1923. 7. 23. • 112
18 1923. 8. 13. • 113
19 1923. 8. 19. • 114
20 1923. 8. 26. • 115
21 1923. 9. 1. • 116
22 1923. 9. 3. • 117
23 1923. 9. 3. • 118
24 1923. 9. 7. • 119
25 1924. 9. 25. • 120
26 1925. 12. 23. • 122
27 1926. 12. 27. • 123
28 1929. 3. 9. • 124
29 1931. 3. 11. • 125
30 1933. 8. 29. • 125

2. 조선인 서한

1. 姜星熙 • 128

1 1930. 5. 14. • 128

2. 姜昌基 • 128

1 1928. 2. 17. • 128
2 1928. 2. 22. • 129
3 1930. 2. 16. • 130
4 1930. 2. 21. • 130

3. 權星玉 • 131

1 1925. 12. 20. • 131

4. 權泰用 • 132

1 1928. 2. 23. • 132
2 1928. 6. • 132
3 1929. 3. 12. • 133
4 1929. 12. 27. • 134
5 1930. 2. 24. • 135
6 1930. 3. 30. • 135

5. 金基善 • 137

1 1923. 3. 14. • 137
2 1923. 7. 16. • 137
3 1923. 7. 22. • 138
4 1923. 8. 3. • 138
5 1923. 8. 14. • 139
6 1923. 8. 23. • 139
7 1923. 9. 8. • 140
8 1923. 월.일.불명 • 140
9 1923. 월. 일. 불명 • 141
10 1928. 11. 17. • 141
11 1929. 8. 8. • 142
12 1929. 8. 11. • 143
13 1929. 8. 23. • 144
14 1929. 10. 21. • 144
15 1929. 12. 27. • 145
16 1930. 4. 11. • 146
17 1930. 6. 26. • 147
18 1930. 7. 2. • 147
19 1930. 7. 30. • 148
20 1931. 1. 2. • 148

6. 金琪邰 • 150

1 1928. 6. 30. • 150
2 1930. 7. 2. • 150

3 1931. 1. 18. • 151
4 1932. 1. 4. • 152
5 1932. 1. 22. • 153
6 1933. 3. 14. • 153
7 1933. 7. 12. • 154
8 1933. 12. 30. • 154

7. 金基煥 • 155

1 1928. 10. 10. • 155
2 1929. 1. 12. • 155

8. 金東準 • 156

1 1923. 9. 28. • 156

9. 金明濬 • 157

1 1923. 4. 18. • 157
2 1923. 7. 26. • 158
3 1923. 9. 15. • 159
4 1923. 9. 25. • 159
5 1926. 12. 23. • 160
6 1928. 2. 6. • 160
7 1929. 12. 15. • 161
8 1930. 1. 29. • 161
9 1931. 6. 13. • 162
10 1932. 12. 22. • 163
11 1933. 6. 7. • 163

10. 金英鎮 • 164

1 1925. 12. 16. • 164
2 1926. 12. 25. • 165

11. 金永哲 • 166

1 1928. 2. 8. • 166

12. 金完燮 • 167

1 1922. 4. 3. • 167

13. 金在瀅 • 168

1 1920. 2. 11. • 168

14. 金漢睦 • 168

1 1926. 1. 5. • 168

15. 金漢秀 • 169

1 1932. 12. 13. • 169

16. 南基允 • 171

1 1928. 2. 8. • 171
2 1929. 3. 11. • 171

17. 柳承欽 • 172

1 1926. 12. 23. • 172
2 1927. 7. 17. • 174
3 1930. 1. 10. • 175

18. 閔丙爽 • 175

1 1932. 6. 18. • 175
2 1932. 11. 17. • 176
3 1932. 12. 26. • 177

19. 朴命錫 • 178

1 1933. 11. 11. • 178

20. 朴鳳九 • 181

1 1923. 5. 7. • 181
2 1925. 12. 17. • 182
3 1926. • 182
4 1927. 1. 1. • 183
5 1930. 12. 5. • 183
6 1933. 5. 18. • 184

21. 朴重陽 • 184

1 1921. 10. 21. • 184
2 1926. 4. 16. • 185
3 1926. 6. 18. • 186
4 1926. 9. 2. • 187

5 1927. 11. 11. • 190
6 1927. 12. 12. • 190
7 1928. 10. 14. • 192
8 1929. 1. 21. • 193
9 1929. 2. 10. • 194
10 1929. 4. 12. • 195
11 1929. 5. 9. • 202
12 1929. 5. 23. • 203
13 1929. 6. 29. • 203
14 1929. 7. 20. • 204
15 1929. 8. 19. • 204
16 1929. 8. 25. • 205
17 1929. 10. 12. • 212
19 1930. 1. 26. • 213
20 1930. 6. 7. • 214
21 1931. 4. 11. • 214
22 1931. 4. 19. • 216
23 1931. 6. 1. • 217
24 1931. 7. 6. • 218
25 1931. 8. 19. • 220
26 1931. 10. 11. • 223
27 1931. 11. 2. • 223
28 1931. 11. 14. • 224
29 1931. 12. 16. • 225
30 1932. 5. 29. • 227

22. 方漢復 • 230

1 1929. 5. 18. • 230
2 1930. 12. 3. • 231
3 1931. 9. 2. • 232
4 1932. 5. 31. • 233
5 1933. 1. 14. • 234
6 1933. 7. 23. • 235

23. 相愛会 李起東·朴春琴 • 236

1 1925. 12. 29. • 236

24. 徐相熙 • 236

1 1930. 6. 30. • 236

25. 石明瑄 • 237

1 1927. 12. 17. • 237
2 1929. 12. 13. • 238
3 1930. 1. 23. • 239
4 1930. 6. 25. • 240
5 1931. 3. 24. • 241
6 1931. 4. 3. • 242
7 1931. 4. 6. • 242
8 1931. 6. 18. • 243
9 1931. 6. 21. • 244
10 1932. 2. 1. • 246
11 1933. 5. 9. • 247

26. 石鎭衡 • 248

1 1924. 9. 15. • 248
2 1929. 3. 10. • 248

27. 孫斗漢 • 249

1 1931. 3. 13. • 249
2 1931. 6. 29. • 249

28. 愼宗元 • 250

1 1931. 6. 30. • 250

29. 申鉉求 • 251

1 1926. 12. 24. • 251
2 1927. 4. 10. • 251
3 1929. 8. 21. • 252
4 1929. 12. 10. • 253
5 1929. 12. 19. • 254
6 1930. 7. 1. • 254
7 1931. 1. 5. • 255
8 1931. 4. 30. • 256
9 1932. 6. 17. • 257
10 1932. 6. 23. • 258
11 1932. 8. 28. • 259
12 1933. 4. 16. • 260
13 1933. 8. 8. • 260

30. 沈宜昇 • 261

1 1926. 8. 11. • 261

31. 嚴柱明 • 262

1 1931. 8. 19. • 262

32. 巖昌燮 • 263

1 1925. 12. 20. • 263

33. 吳斗煥 • 263

1 1928. 2. 4. • 263
2 (연도불명) 12. 29. • 264

34. 吳相根 • 265

1 1930. 2. 13. • 265

35. 兪萬兼 • 265

1 1930. 2. 13. • 265

36. 劉鎭淳 • 266

1 1930. 2. 15. • 266

37. 李東雨 • 267

1 1928. 2. 7. • 267

38. 李源讚 • 268

1 1932. 11. 10. • 268
2 (연도불명) 10. 15. • 270

39. 李彰鎬 • 271

1 1927. 7. 22. • 271
2 1927. 12. 9. • 272
3 1929. 4. 24. • 272
4 1929. 5. 7. • 273

5 1929. 8. 8. • 274
6 1929. 8. 13. • 274
7 1929. 11. 17. • 275
8 1930. 2. 6. • 277
9 1931. 9. 17. • 278
10 1932. 9. 10. • 279

40. 李夏榮 • 279

1 1923. 9. 1. • 279
2 1927. 2. 10. • 280

41. 李海用 • 282

1 1923. 7. 5. • 282
2 1927. 2. 22. • 282

42. 張基昌 • 283

1 1929. 7. 28. • 283

43. 張憲植 • 285

1 1925. 11. 11. • 285
2 1925. 11. 27. • 285
3 1927. 7. 25. • 286
4 1927. 8. 6. • 287
5 1928년 11월 2일 • 287
6 연도불명 • 288

44. 崔晩達 • 288

1 1923. 4. 2. • 288
2 1923. 7. 20. • 289
3 1932. 12. 26. • 290
4 1933. 12. 26. • 291

45. 韓相龍 • 291

1 1926. 7. 5. • 291
2 1928. 4. 5. • 293
3 1929. 7. 3. • 294
4 1929. 8. 18. • 294
5 1930. 10. 8. • 295
6 1931. 12. 13 • 296

46. 咸善哉 • 296

1 1930. 10. 27. • 296

47. 黃德純 • 297

1 1928. 11. 12. • 297
2 1933. 7. 28. • 298
3 1933. 9. 2. • 299
4 1933. 12. 11. • 300
5 (연도불명) 1. 6. • 300

48. 洪奭泳 • 302

1 1933. 4. 5. • 302

3. 제삼자 서한

1. 姜星熙 • 304

1 1921. 8. 8. • 304
2 1921. 12. 21. • 306
3 (연도불명) 11. 20. • 306

2. 沈壽官 • 308

1 1930. 11. 29. • 308

3. 沈衡鎭 • 312

1 1922. 5. 5. • 312

후 기 • 314
색 인 • 316

범례

- 목차는 국문학연구자료관 목록(「守屋榮夫關係文書目錄」)을 따르지 않고, 연대순으로 재배열한 것임.
- 연도는 보낸 날짜와 봉투에 찍힌 소인을 근거로 확정한 것임. 연도에 '(推定)'이라고 표기한 것은 소인은 없지만 「齋藤實日記」를 비롯한 각종 사료와 내용으로 추정한 것임.
- 탈초할 때는 가능한 한 원본을 존중했다.
- 원문에는 번체자와 간체자가 혼용되어 있어 인명을 제외하고는 가급적 간체자로 표기했음.
- 조선인 서한에는 많은 오탈자가 존재하여 오탈자임을 따로 명기하지 않았음. 다만, 인명의 오탈자의 경우는 첨자 ママ로 표기했음.
- ゝ는 히라가나 한 글자의 반복, ヽ는 가타가나의 한 글자의 반복, 々는 한자의 반복을 나타냄. 원본에서 같은 단어를 반복할 때는 〱를 사용했으나, 본문에서는 〱를 사용하지 않고 단어를 반복했음.
- 문장의 가독성을 높이기 위해 적절하게 구두점을 찍었음.
- 해독이 어려운 글자는 ■로 표기했음.

해 제

본서는 일본국문학연구자료관에 소장되어 있는 『守屋榮夫關係文書』 가운데 조선과 관련이 깊은 서한 262통(조선인이 모리야에게 보낸 서한 192통, 일본인이 보낸 모리야에게 보낸 서한 65통 , 제3자들의 서한 5통)을 활자화 한 것이다.

1. 모리야 에이후라는 인물

출생배경과 학력

모리야는 1884년 아버지 모리야 도쿠로(守屋德郞)의 장남으로 미야기현(宮城縣) 도오다군(遠田郡) 도미나가촌(富永村)에서 태어났다. 모리야가(守屋家)는 지주 가계로 도쿠로는 순사를 거쳐서 도미나가촌의 서기, 후루카와촌(古川町)의 서무계 주임서기를 역임하고 선거 후원에 나서는 등 농촌의 '중견인물'로 활약한 인물이었다. 가정은 빈곤했지만 '교육광'이라는 별칭을 가질 정도로 자식들을 열심히 교육하여 장남 에이후를 비롯하여 아들 네 명을 대학까지 졸업시켰다. 차남 도쿠오(守屋德夫)는 동경제국대학을 졸업하고 조선식산은행에 입사했고, 삼남 와로(守屋和郞)는 체신성을 거쳐 관동청, 외무성에서 근무했다.

모리야 에이후는 도미나가 심상소학교, 다지리(田尻) 고등소학교, 후루카와 중학교를 거쳐 1903년 센다이에 있는 제2고등학교에 입학했다. 참고로 제2고 동기로는 조선총독부 비서관과 정무총감을 역임한 엔도 류사쿠(遠藤

柳作)가 있다. 1906년 동경제국대학 법률학과(독법)에 입학했다. 재학중에는 법학부 교수이자 신도사상가인 가케이 가쓰히코(筧克彦)의 영향을 받았다. 가케이가 고학생이었던 모리야를 보살펴 주었고, 모리야는 졸업 후 가케이 저서의 교정을 돕거나『神ながら』 잡지 경영을 도와 친밀한 관계를 유지했다. 1910년 7월 동경제국대학을 졸업하고 내무성에 들어갔다.

관료시절(내무성・조선총독부)

모리야는 1910년 11월에 문관고등시험에 합격해 본격적인 관료생활을 시작했다. 아키타현 속, 내무속, 지바현이사관(1913-1916), 아이치현이사관(1916-1917)을 거쳐 1917년에 내무감찰관 겸 내무참사관에 취임했다. 1918년에는 블라디보스톡파견군사령부 정무부에 배속되었다가 1919년에 귀임했다. 돌아오는 길에 3.1운동을 목격하고 조선통치의 엄중함을 절감하게 되었다고 한다. 같은 해 5월 모리오카로 향하는 기차 안에서 내무성 입성 당시부터 10년간 훈도했고 내무대신을 역임한 내무성의 실력자(大御所) 미즈노 렌타로(水野錬太郎)를 만나 "선생님 같은 국가의 대인물이 나오셔서 조선 통치를 위해 진력하지 않으면 조선의 현상을 타파하고 민심을 수습하는 것은 곤란합니다"라고 열심히 설파했다. 이후 하라 다카시(原敬) 수상은 조선통치를 개혁하기 위해 전 해군대신 사이토 마코토(齋藤實)와 미즈노를 각각 조선총독, 정무총감에 기용하였다. 오랜 기간 내무성에서 인재를 양성한 미즈노의 경력과 법제상의 지식을 높이 샀기 때문이다. 하라 수상으로부터 조선총독부 인사 쇄신과 식민지 조선의 제도와 법률 개혁을 명령 받은 미즈노는 모리야에게 조선행을 권고했다. 모리야는 일단 고사했지만 제일 먼저 교섭하는 것이니 꼭 승낙해달라는 미즈노의 간곡한 부탁으로 조선행을 거절할 수 없었다고 한다. 모리야는 미즈노의 의뢰를 받아 조선에 부임할 내무성관료들의 선임과 교섭에 관여하여 미즈노 정무총감은 '미즈노 인사'

라고 불리는 대대적인 인사이동을 감행했다. 미즈노는 무단통치시기 근무했던 관료들을 경질하고 대신에 50여 명의 내무성 출신 고등관을 전입시키는 전례가 없는 대규모의 인사이동을 감행했다. 이때 내무성에서 부임한 관료들이 총독부의 주요 요직과 신설된 도 경찰부장에 취임하게 되는데, 1919년에 내무성에서 부임한 '大正8年組'는 사이토 총독 시기에 출세가도를 달리게 된다.

모리야는 총독부 인사에 관여하고 총독·정무총감의 훈시를 작성하고 기밀비를 관리하는 등 실세 비서과장으로 조선총독부에 막강한 영향력을 행사하여 당시 조선 언론에서는 '모리야 정치'라는 말이 떠돌 정도였다. 1919년 8월 조선총독부 관제개정으로 총독관방 총무국이 서무부로 축소되고 인사업무가 비서관실로 이월됨에 따라 1920년대부터는 비서과장은 그 위상이 달라졌다. 1910년대 총독 비서관이 단순한 수행원('かばん持ち')이었다면 모리야는 기밀과 인사를 담당하는 사이토 총독과 미즈노 정무총감의 '문고리 권력'이었던 것이다.

제일 왼쪽이 모리야, 두 번째는 사이토 총독의 하루코 부인, 세 번째는 사이토 총독

제1차 사이토 총독 시기의 총독관방 비서과장				
성명	고향	재임기간	전직	이후 주요 관직
守屋榮夫	宮城	1919.8-1922.10	내무성 참사관	서무부장, 내무성 사회국 제2부장
松村松盛	宮城	1922.10-1924.12	福岡縣 학무과장 학무과장	외사과장
藤原喜藏	岩手	1924.12-1927.8	青森縣 이사관 경기도 경찰부장	평남 내무부장, 평남지사
松村松盛	宮城	1928.7-1928.3	외사과장	식산국장

모리야가 구미출장으로 비서과장을 그만둔 후 비서과장에는 마쓰무라 마쓰모리(松村松盛)와 후지와라 기조(藤原喜藏)가 취임하는데 이들은 사이토 총독과 동향인 동북지역 출신으로 모리야의 제2고, 동경제대 후배들이었다. 이들은 기밀과 총독부 인사를 관장하면서 총독부의 실세로 부상했고, 모리야는 조선을 떠난 후에도 '大正8年組'나 마쓰무라와 후지와라를 통해서 조선총독부에 일정부분 영향력을 행사할 수 있었다. 모리야가 이들 인맥을 동원하여 조선의 관공리, 교직원 등에 취직시킨 동북지역 출신은 500명에 달한다고 전해지고 있다. 1920년대 조선총독부 내 '동북벌'의 위력을 짐작해 볼 수 있다.

모리야는 1922년 11월부터 구미출장을 떠나는데 1923년 9월 칙임관인 서무부장으로 승진했다가 1924년 9월 내무성 사회국 제2부장으로 전출된다. 1925년 5월 국제노동회의에 일본정부 대표로 스위스 제네바에 파견 갔다가 이듬 해 4월 내무성 사회국 사회부장에 임명된 후 1928년 1월까지 근무하다가 중의원의원에 출마하기 위해 내무성을 퇴임했다.

중의원시절(제국의회 '조선통')

모리야는 퇴임과 동시에 변호사로 등록했다가 1928년 2월 일본에서 최

초로 실시된 보통선거에서 고향인 미야기현 제1구에 입후보했다. 제5위로 당선된 이후 연속 5회 당선되었다. 1928년의 첫 출마 때에는 총독부 시절의 상관인 아카이케 아쓰시(赤池濃, 경무국장)뿐 아니라 동향의 『조선공론』 사장 이시모리 히사야(石森久弥)와 전 군수 金基善이 응원연설을 했다. 중의원에서는 '조선통'으로 활약하면서 조선사회의 진정, 청원을 제국의회에 전달했다. 1929년 11월에는 개인 정치단체인 대일본소화연맹을 결성해 총재에 미즈노 렌타로를 옹립하고 자신은 이사장에 취임했다. 소화연맹은 소화유신 완성을 이상으로 삼아 정당정파에 초월한 건전한 정치사상의 보급, 발달과 공명한 정치도덕의 진작, 확장을 목적으로 1) 경신(敬神), 존황, 애국을 정치의 대본(大本)으로 삼을 것, 2) 9천만 동포의 최후의 일인까지 폐하의 적자(赤子)에 어울리는 생활을 달성하게 할 것, 3) 공존동영(共存同栄)의 대의에 의거하여 항구 평화를 건설할 것을 강령으로 내걸었다. 조선에도 지부(경성, 인천, 경북 등등)가 설치되어 회원을 모집했는데, 재조일본인뿐만 아니라 조선인도 다수 가입했다.

2. 모리야 에이후 관계문서

모리야 에이후 문서는 1) 내무성, 조선총독부 관료 시절의 관련 서류(업무문서: 노트, 메모, 신문 스크랩, 서한), 2) 중의원의원 시절의 관련서류(의회, 농림정무차관 관계, 의원활동, 정당, 선거, 의회간행물), 3) 일기, 수첩, 노트, 사진, 그림엽서, 각종 문서 등 개인 활동에 관한 것, 4) 서적 집필, 잡지 투고 및 연설 준비를 위해 작성된 초고, 5) 서적, 잡지, 행정 자료 등의 간행물, 6) 서한으로 구성되었다. 목록만 430여 페이지에 달하고 전체 1만8천여 점에 달하는 방대한 사료군이다. 조선과 관련한 사료에 대해서 소개하면 다음과 같다.

먼저, 일기는 구미출장 때 잃어버린 1923년도 분을 제외하고 중학교 시절부터 제2고 시절, 동경제대 시절, 내무성관료 시절, 조선총독부관료 시절, 내무성 사회국 제2부장 시절, 중의원의원 시절(1942, 43년 결락), 전후까지 매일매일 빼곡하게 적고 있다.

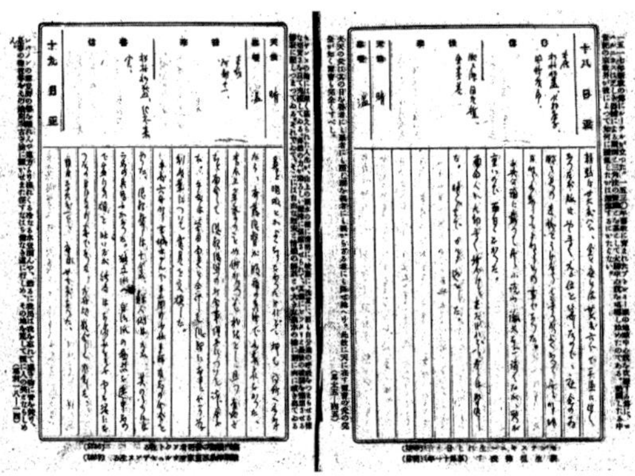

모리야일기(1920.1.19.)

총독부 시절의 모리야일기에 대해서는 마쓰다 도시히코가 「조선총독부관료 모리야 에이후와 '문화통치'-모리야일기를 중심으로-(「朝鮮総督府官僚守屋栄夫と「文化政治」一守屋日記を中心に一)」(松田利彦·やまだあつし編『日本の朝鮮·台湾支配と植民地支配』思文閣出版,2009)라는 논문을 발표하였다. 이 논문에서 마쓰다는 '미즈노 인사', 조선부임이유, 총독비서관의 업무, 총독기밀비, 모리야의 조선인, 일본인 인맥 등 흥미로운 내용을 정치하게 분석하고 있다. 총독비서관, 비서과장, 서무부장, 중앙조선협회 이사를 역임한 모리야

의 일기는 1920년대, 30년대 조선통치의 실태를 알 수 있는 1급 사료임에 틀림없다. 내용이 그다지 없는 데라우치 마사타케(寺内正毅) 일기나 사이토 일기에 비하면 사료적 가치가 매우 높은 밀도 높은 일기라고 할 수 있겠다.

다음으로 사이토 조선총독을 비롯하여 미즈노 정무총감, 총독부관료, 내무성관료, 정치가, 재조일본인, 조선인 등으로부터 받은 10000여 통의 서한(1907년부터 1933년까지가 중심) 역시 사료 가치가 아주 높다. 모리야는 1924년 9월 내무성 사회국 제2부장으로 일본에 돌아가는데, 그 후에도 내무성 출신 관료들과 빈번하게 서한을 교환하고 있다. 1919년 모리야의 추천으로 조선총독부에 부임한 마쓰무라 마쓰모리(松村松盛, 총독비서관·식산국장), 와타나베 도요히코(渡辺豊日子, 내무국 지방과장·식산국 농무과장) 등 내무성출신관료('大正8年組')로부터 조선총독부의 주요 현안과 내부사정에 대해서 상세한 보고를 받고 있었다. 서한이라는 특성상 같은 장소, 공간에 있을 때보다 떨어져 있을 때 오히려 활발한 정보, 의견 교환이 이루어진 것 같다. 또한 모리야는 재조일본인으로부터 많은 서한을 받았다. 모리야가 조선총독부에 취직시킨 오우치 스케(大内俊亮, 경기도 학무과 시학), 쇼지 히데오(庄司秀雄, 학무국 학무과 근무), 와쿠 세이시(和久正志, 경성제국대학 의학부 근무) 등과 같은 동북인들과 서한을 통해서 지속적으로 교류했다. 나아가 모리야는 변호사로서 와타나베 사다이치로(渡辺定一郎, 전 경성상업회의소 회두)를 비롯한 많은 재조일본인 유력자가 연루된 토목담합사건의 변호를 맡았을 뿐만 아니라 일본제국의회의 대표적인 '조선통'으로서 재조일본인의 진정과 청원의 창구역할을 담당하면서 조선의 일본인사회와 긴밀한 관계를 맺고 있었다.

마지막으로 총독비서관, 비서과장, 서무부장 시절 개인적으로 소장하고 있던 자료군이다. 총독부인사와 기밀비를 장악하고 고등정책을 기획한 모리야였던 만큼 조선통치에 관한 희귀하고 귀중한 사료들이 많다. 자세한 사항은 국문학연구자료관 조사수집사업부가 편찬한 『守屋栄夫目録』을 참조하길 바란다. 모리야문서는 현재 국사편찬위원회에 수집되어 동 위원회 전자사료관(원문 이미지는 기관 내에서만 이용 가능)에서 열람할 수 있다.

3. 본서에 수록된 서한

일본인 서한

일본인이 보낸 서한 가운데 사이토 총독의 서한 30통, 사이토 총독의 개인적인 고문 아베 미쓰이에(阿部充家)의 서한 5통, 조합교회 목사 야마모토 다다요시(山本忠美)의 서한 30통을 수록했다.

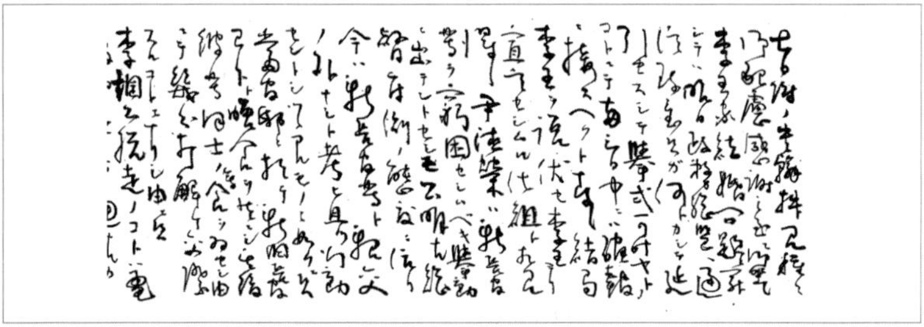

1919년 11월 12일자 사이토 서한

아베가 보낸 서한은 조선인 유학생(李道賢, 李秉鎮), 이광수, 도리이 류조(鳥居龍藏)를 소개하는 내용이다. 아베는 사이토 총독에게 조선인 유학생을 다수 소개하고 있는데, 마찬가지로 모리야에게 소개하여 취업을 알선하여 체제내로 끌어들이려고 한 것으로 보인다.

사이토가 보낸 서한은 이왕세자결혼문제, 李堈公脫走事件, 조선철도 만철위탁문제, 3.1운동 1주년 배재학당 만세시위, 외국인선교사문제 등 다양한 조선총독부의 현안과 총독의 개인적인 간단한 쪽지(舌代)를 담고 있다. 일본국회도서관 헌정자료실에 소장되어 있는 「斎藤実関係文書」에는 모리야가 사이토에게 보낸 61통의 서한이 수록되어 있는데 모리야 서한과 함께 참조하면 두터운 사료 읽기가 가능하리라 판단된다.

마지막으로 조합교회 목사로서 1910년대 조선 전도에 종사했고 3.1운동 이후 재미선전활동을 위해 미국에 파견되었던 야마모토의 서한들이다. 야마모토는 미국에서 종교계를 중심으로 일본의 조선통치를 선전하고 조선총독부 관계자의 활동 지원, 재미조선인의 친일화, 조선관계 정보수집 등 다양한 활동을 전개하고 그 내용을 모리야에게 보고하고 있다. 이에 대해서는 이승엽의 논문(「帝国のミッショナリー: 組合教会牧師·山本忠美の在米宣伝活動」, 『歴史学部論集 』9, 2019)이 자세하다.

조선인 서한

본서는 조선인 48인이 보낸 192통의 서한을 수록했다. 조선인 서한은 많은 서한을 보낸 사람을 중심으로 선정했고, 단순한 조의문이나 당선 축하, 인사 문안 등은 뺐다. 수록한 서한 가운데 발신인은 朴重陽(30통), 金基善(20통), 申鉉求(13통), 石明瑄(11통), 金明濬(11통), 李軫鎬(10통), 金琪邰(8통), 方漢復(6통), 權泰用(6통), 韓相龍(6통) 순으로 많다.

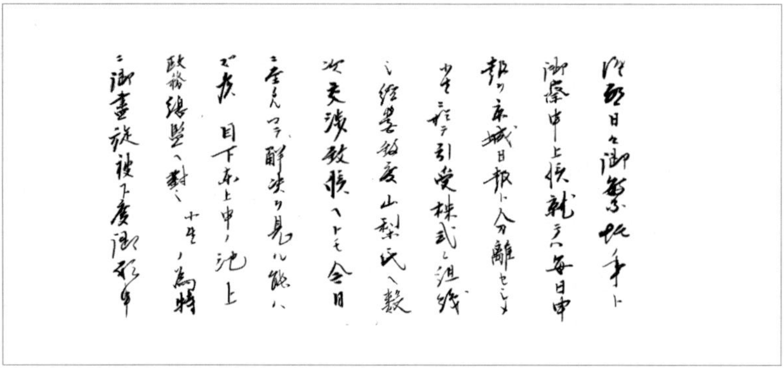

1929년 1월 21일자 박중양 서한

발신 시기를 살펴보면 대부분의 서한은 조선을 떠난 1924년 9월부터 1933년까지 보낸 것이다(165통). 조선총독부 재임 시기(1919.8-1924.9)는 23통에 지나지 않았고 이 가운데에도 19통은 구미출장 때 보낸 것이다. 그 외 4통은 발신일이 불명하다. 서한이라는 특성상 같은 지역에 있을 때보다 떨어져 있을 때 오히려 활발한 정보, 의견 교환이 이루어진 것 같다. 발신인의 대부분은 군수, 참여관, 도지사 등의 관료나 중추원 참의 등의 관료 역임자, 그리고 국민협회 관련자들이었다.

군수: 姜星熙(1통), 權泰用(6통), 金基善(20통), 南基允(2통), 朴鳳九(6통), 申鉉求(13통), 沈宜昇(1통), 李源讚(3통), 李海用(2통), 崔晚達(4통), 黃德純(5통)

참여관: 金英鎭(1통), 金漢睦(1통), 石明瑄, 兪萬兼(1통), 張憲植

중추원: 金琪部, 金東準(1통), 柳承欽(3통), 閔丙奭(3통), 朴重陽, 李夏榮(2통)

도지사: 朴重陽, 劉鎭淳(1통)

학무국장: 李軫鎬

국민협회: 金琪部, 金明濬(10통), 石明瑄, 李東雨(1통)

경제인: 張基昌(호남은행 총무부 조사과장, 1통), 韓相龍(6통)

기타: 嚴柱明(진명여자고등보통학교 교장), 巖昌燮(내무국 사무관)

서한은 중의원 출마에 대한 격려, 당선 축하, 각종 인사 청탁, 조선통치에 대한 정책 제언(박중양 서한), 식산은행 자금융자, 토지 불하, 어장 허가 청탁 등 다양한 내용을 담고 있다. 이 중에서 인사 청탁(본인 및 그 가족, 친인척)이 두드러진다. 모리야가 일본에 돌아가서도 후임 비서관장들을 통해서 조선총독부 인사에 영향력을 행사하고 있었음을 엿볼 수 있다. 특별임용된 조선인 고등관은 군수-참여관-도지사-중추원 참의라는 캐리어패스를 거친다. 300여 명이 넘는 군수 중에서 참여관(13석), 도지사(5석)로 승진할 수 있는 사람은 극소수에 지나지 않았기 때문에 치열한 경쟁을 치룰 수밖에 없었을 것이다. 이들은 모리야의 정치후원단체인 소화연맹에 가입해 후원하거나(권태용, 신현구), 정치자금을 기부하거나(김기환, 유만겸), 모리야가 후원하고 있는 상애회(相愛會)와 같은 단체에 기부하는 방식(김기태)으로 승진을 위한 연줄을 잡기 위해 모리야에 접근했을 것으로 보인다. 모리야와 이들 관료들 사이에는 관료 포스트를 둘러싸고 후견인·피후견인 관계(Patron·Client Relationship)가 성립했던 것이다.

한편, 모리야를 비롯한 '大正8年組'는 閔元植이 '신일본주의'를 기치로 설립한 친일단체인 국민협회의 참정권청원운동을 후원하고 있었다. 모리야는 일본에 돌아가서도 국민협회와 지속적으로 연락을 취하고 있었다. 모리야는 1937년과 1941년 2차례에 걸쳐 국민협회의 중의원의원선거법 시행 청원을 제국의회에 소개했다.

제3자 서한

제3자 서한으로 姜星熙(3통), 沈壽官(1통), 沈衡鎭(1통)이 총독부 총무과에 근무하는 호소카와 사다노조(細川貞之丞)에게 보낸 서한들을 수록했다.

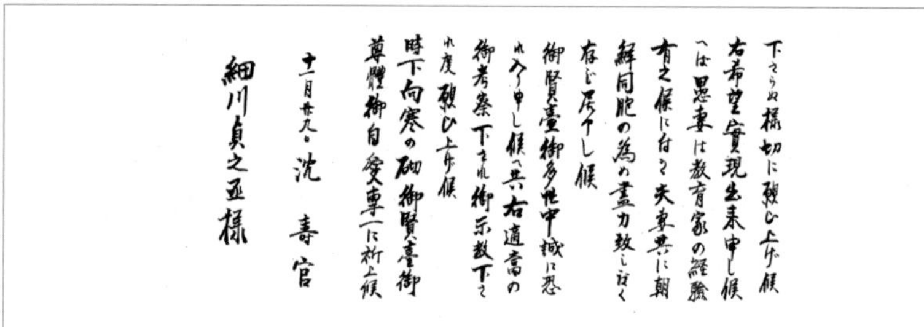
下さらぬ様切に願ひ上げ候
右希望實現出來申し候
へば愚妻は教育家の經驗
有之候に付き夫婦共に朝
鮮同胞の爲め盡力致し度く
存じ居り候
御賢臺御多忙中誠に恐
れ入り申し候へ共右適當の
御考案下されて御示教下さ
れ度願ひ上げ候
時下向寒の砌御賢臺御
尊體御自愛專一に祈上候
十一月廿九日 沈 壽官
細川貞之丞様

1930년 11월 29일자 심수관 서한

군수 강성희의 서한은 鳳山郡에서의 지방개량 상황, 심전개발 명목으로 행해진 강화의 내용을 총독부 촉탁인 호소카와에게 보고하고 있다. 심수관의 서한은 동경제국대학을 졸업하고도 취업난에 허덕이게 되자 조선총독부에 취직을 의뢰하고 있고, 심형진의 서한은 조선총독부가 발행하고 있는 잡지『朝鮮』에 자료를 제공한다는 내용이다.

참고문헌

이형식,「조선총독부 관방의 조직과 인사」,『사회와역사』102, 2014

이형식,「친일관료 박중양과 조선통치」,『일본공간』26, 2019

手塚雄太, 「第一回普通選挙における選挙運動: 内務官僚·植民地官僚守屋栄夫を事例として」,『史潮』84, 2018

西田彰一,「守屋栄夫小伝―内務省での経歴を中心に」,『日本思想史研究会会報』35, 2019

松田利彦, 「朝鮮総督府官僚守屋栄夫と「文化政治」: 守屋日記を中心に」, 松田利彦, やまだあつし編,『日本の朝鮮·台湾支配と植民地官僚』, 思文閣出版, 2009

李昇燁, 「帝国のミッショナリー: 組合教会牧師·山本忠美の在米宣伝活動」,『歴史学部論集』9, 2019

李炯植,『朝鮮總督府官僚の統治構想』, 吉川弘文館, 2013

解題

本書は日本国文学研究資料館に所蔵されている『守屋栄夫関係文書』のうち、朝鮮と関連の深い書簡(朝鮮人が守屋に送った書簡192通、日本人が守屋に送った書簡65通、第三者による書簡5通)を活字化したものだ。

1. 守屋栄夫という人物

出生背景と学歴

守屋は1884年、守屋徳郎の長男として宮城県遠田郡富永村で生まれた。守屋家は地主の家系で、徳郎は巡査を経て、富永村の書記、古川町の庶務係主任書記を歴任して選挙後援をするなど農村の「中堅人物」として活躍した人物だった。貧しい家庭だったが、「教育狂」という別名が付くほど熱心に子どもたちを教育し、長男栄夫をはじめとする4人の息子を大学卒業までさせた。次男の守屋徳夫は東京帝国大学を卒業し、朝鮮殖産銀行に入社した。三男の守屋和郎は逓信省を経て、関東庁、外務省で勤務した。

守屋栄夫は富永尋常小学校、田尻高等小学校、古川中学校を経て、

1903年仙台にある第二高に入学した。参考までに、第二高の同期には朝鮮総督府秘書官と政務総監を歴任した遠藤柳作がいる。1906年東京帝国大学法律学科(独法)に入学した。在学中には法学部教授で神道思想家の筧克彦の影響を受けた。筧が苦学生だった守屋の世話をし、守屋は卒業後、筧の著書の校正や雑誌『神ながら』の経営を手伝い、親密な関係を維持した。1910年7月、東京帝国大学を卒業して内務省に入った。

官僚時代(内務省・朝鮮総督府)

守屋は1910年11月に文官高等試験に合格し、本格的に官僚生活を始めた。千葉県理事官(1913-1916)、愛知県理事官(1916-1917)を経て、1917年、内務監察官兼内務参事官に就任した。1918年にはウラジオストク派遣軍司令部の政務部に配属されたが1919年に帰任している。日本に戻る途中で、3.1運動を目撃し、朝鮮統治を厳重にすべきことを痛感するようになったという。同年5月、盛岡に向かう汽車の中で、内務省入省当時から10年間訓導を受け、内務大臣を歴任した内務省の大御所である水野錬太郎に会い、「先生のやうな国家の大人物が御出になって、朝鮮統治のために御盡しなさらなければ、朝鮮の現状を打破し、民心を収攬して行くことは困難」であると懸命に説得した。以後、原敬首相は朝鮮統治の改革のため、元海軍大臣の斎藤実と水野をそれぞれ朝鮮総督と政務総監に起用した。長い間内務省で人材を養成してきた水野の経歴と法制上の知識を高く買っていたためであった。原首相から朝鮮総督府の人事刷新と、植民地朝鮮の制度と法律改革の命令を受けた水野は守屋に朝鮮行きを勧告した。守屋は一度は固辞したが、一番に交渉したのだから是非承諾してほしいという水野の丁重な依頼から、朝鮮行きを断ることができなかったという。守屋は水野の依頼を受けて朝鮮に赴任する内務省官僚たちの選任と交渉に関与し、水野政務総監は「水野人事」と呼ばれる大々的な人事異動を敢行した。水野は武断統治時期に勤務した官僚を更迭して、代わりに内務省出身の高等官を50名余り転入させるという前例のない大規模な人事異動を敢行した。この際、内務省から赴任した官僚が総督府の主要職と新設された道警察部長に就任したのだが、1919年に内務省から赴任した「大正8年組」は斎藤総督時代に出世街道を驀進することになる。

守屋は総督府人事に関与し、総督·政務総監の訓示を作成し機密費を管理するなど、実勢の秘書課長として朝鮮総督府に強力な影響力をもっており、当時朝鮮の言論では「守屋政治」という言葉が行き交うほどであった。1919年8月の朝鮮総督府官制改定で総督官房総務局が総務部に縮小され、人事業務が秘書官室に繰り込まれたことで1920年代からは秘書課長の立場が変わった。1910年代の総督秘書官は単に「かばん持ち」であったのに対して、守屋は機密と人事を担当する斎藤総督と水野政務総監の「ドアノブ権力」であったのだ。

第1次 斎藤総督時代の総督官房秘書課長

姓名	故郷	在任期間	前職	以後主要官職
守屋榮夫	宮城	1919.8-1922.10	内務省参事官	庶務部長、内務省社会局第2部長
松村松盛	宮城	1922.10-1924.12	福岡県学務課長 総督府学務課長	外事課長
藤原喜藏	岩手	1924.12-1927.8	青森県理事官 京畿道警察部長	平南内務部長、平南知事
松村松盛	宮城	1928.7-1928.3	外事課長	殖産局長

守屋が欧米出張のため秘書課長を辞めた後、秘書課長には松村松盛と藤原喜蔵が就任したが、彼らは斎藤総督と同郷の東北地域出身で第二高等学校と東京帝国大学では守屋の後輩だった。彼らは機密と総督府人事を管掌しながら総督府で実勢として浮上し、守屋は朝鮮を離れた後も「大正8年組」や松村と藤原を通して朝鮮総督府に一定の影響力を行使することができた。これらの人脈を動員して守屋が朝鮮の官公吏、教職員などに就職させた東北地方出身者は500人に達すると伝えられている。1920年代、朝鮮総督府内の「東北閥」の威力を察することができる。

守屋は1922年11月から欧米出張へと発つのだが、1923年9月勅任官である庶務部長に昇進して、1924年9月には内務省社会局第二部長に転出された。1925年5月の国際労働会議に日本政府代表として、スイスのジュネーブに派遣され、翌年4月、内務省社会局社会部長に任命されたのち、1928年1月まで勤務し衆議院議員に出馬するために内務省を退任した。

衆議院時代(帝国議会の「朝鮮通」)

守屋は退任と同時に弁護士登録をして、1928年2月、日本で初めて実施された普通選挙で故郷の宮城県第一区に立候補した。第五位で当選した後、連続五回当選した。1928年の初出馬の際には総督府時代の上官である赤池濃(警務局長)だけでなく、同郷で『朝鮮公論』社長の石森久弥と元郡守の金基善が応援演説を行った。衆議院では「朝鮮通」として活躍しながら、帝国議会には朝鮮社会の陳情·請願を伝達した。1929年11月には個人政治団体の大日本昭和連盟を結成、総裁に水野錬太郎を擁立して、自身は理事長に就任した。昭和連盟は昭和維新の完成を理想に掲げ、政党政派を超越した健全な政治思想の普及·発達と、公明な政治道徳の振起·拡張を目的に、1) 敬神, 尊皇, 愛國の大道を政治の大本と為すこと、2) 九千万同胞の最後の一人に至るまで皆　陛下の赤子たるにふさわしき生活を為すこと、3) 共存同栄の大義に則り恒久の平和を地上にもたらすことを綱領とした。朝鮮にも支部(京城、仁川、慶北等々)を設置して会員を募集したが、在朝日本人のみならず朝鮮人も多く加入した。

2. 守屋栄夫関係文書

守屋栄夫文書は、1) 内務省·朝鮮総督府官僚時代の関連書類(業務文書: ノート、メモ、新聞スクラップ、書簡)、2) 衆議院議員時代の関連書類(議会、農林政務次官関係、議員活動、政党、選挙、議会刊行物)、3) 日記、手帳、ノート、写真、絵手紙、各種文書など個人活動に関するもの、4) 書籍執筆、雑誌投稿及び演説準備のために作成された初稿、5) 書籍、雑誌、行政資料などの刊行物、6) 書簡、で構成されている。目録だけでおよそ430ページに達し、全体では1万8千点余りにもおよぶ膨大な資料群だ。朝鮮に関連する資料については下記のとおりである。

まず、日記は欧米出張の際に失くしてしまった1923年度の分を除いて、中学校時代から第二高等学校、東京帝国大学、内務省官僚、朝鮮総督府官僚、内務省社会局第二部長、衆議院議員(1942, 43年分欠落)、戦後まで毎日ぎっしりと書いている。総督府時代の守屋の日記については、松田利彦が「朝鮮総督府官僚守屋栄夫と「文化政治」―守屋日記を中心に―)」(松田利彦·やまだあつし編『日本の朝鮮·台湾支配と植民地支配』思文閣出版, 2009)という論文を発表している。この論文で松田は、「水野人事」、朝鮮赴任の理由、総督秘書官の業務、総督機密費、守屋の朝鮮人·日本人の人脈など興味深い内容を精緻に分析している。総督秘書官、秘書課長、庶務部長、中央朝鮮協会理事を歴任した守屋の日記は、1920年代·30年代の朝鮮統治の実態を知ることができる一級資料であることに間違いない。内容がそれほど濃くない寺内正毅日記や斎藤実日記に比べ、資料的価値が非常に高く密度の濃い日記だと言えるだろう。

次に斎藤実朝鮮総督をはじめ、水野政務総監、総督府官僚、内務省官僚、政治家、在朝日本人、朝鮮人などから受け取った一万通余りの書簡(1907年から1933年までが中心)もやはり史料価値が高い。守屋は1924年9月、内務省社会局第二部長として日本に戻るが、その後も内務省出身官僚たちと頻繁に書簡を交換していた。1919年守屋の推薦で朝鮮総督府に赴任した松村松盛(総督秘書官·殖産局長)、渡辺豊日子(内務局地方課長·殖産局農務課長)など、内務省出身官僚(「大正8年組」)から朝鮮総督府の主要懸案と内部事情について詳細な報告を受けていた。書簡という特徴上、同じ場所や空間にいるときよりも、離れているときのほうがむしろ活発に情報·意見の交換が行われていたようだ。また、守屋は在朝日本人からも多くの書簡を受け取った。守屋が朝鮮総督府に就職させた大内俊亮(京畿道学務課視学)、庄司秀雄(学務局学務課勤務)、和久正志(京城帝国大学医学部勤務)などの東北出身者と書簡を通して持続的に交流した。さらに守屋は弁護士として、渡辺定一郎(前京城商業会議所会頭)をはじめとした多くの在朝日本人有力者が連座された土木談合事件の弁護を受け持っただけでなく、日本帝国議会の代表的な「朝鮮通」として在朝日本人の陳情と請願の窓口的役割を担当しながら、朝鮮の日本人社会との緊密な関係を結んでいた。

最後に総督秘書官、秘書課長、庶務部長時代に個人的に所蔵していた資料群だ。総督府人事と機密費を掌握して高等政策を企画した守屋だっただけに、朝鮮統治に関する希少かつ貴重な資料が多い。詳しい事項については、国文学研究資料館の調査収集事業部が編纂した『守屋栄夫目録』を参考にしてほしい。守屋文書は、現在、国史編纂委員会が収集し、同委員会デジタル資料館(原文イメージは機関内でのみ利用可能)で閲覧することができる。

3. 本書収録書簡

朝鮮人書簡

本書は朝鮮人48人が送った192通の書簡を収録した。朝鮮人書簡は多くの書簡を送った人物を中心に選定して、単純な弔意文や当選祝い、挨拶文などは省いた。収録した書簡の差出人は、書簡数の多いものから順に朴重陽(30通), 金基善(20通), 申鉉求(13通), 石明瑄(11通), 金明濬(11通), 李軫鎬(10通), 金琪邰(8通), 方漢復(6通), 権泰用(6通), 韓相龍(6通)である。発信時期を見ると、その多くが守屋が朝鮮を離れた1924年9月から1933年までに送ったものだ(165通)。朝鮮総督府在任時期(1919.8-1924.9)は23通に過ぎず、そのうち19通は欧米出張の際に送ったものだ。それ以外の4通は発信者が不明である。差出人のほとんどは、郡守·参与官·道知事などの官僚や中枢院参議など、官僚歴任者そして国民協会関連者であった。

郡守: 姜星熙(1通), 権泰用(6通), 金基善(20通), 南基允(2通), 朴鳳九(6通), 申鉉求(13通), 沈宜昇(1通), 李源讃(3通), 李海用(2通), 崔晩達(4通), 黄徳純(5通)
参与官: 金英鎮(1通), 金漢睦(1通), 石明瑄, 兪萬兼(1通), 張憲植
中枢院: 金琪邰, 金東準(1通), 柳承欽(3通), 閔丙奭(3通), 朴重陽, 李夏榮(2通)
道知事: 朴重陽, 劉鎮淳(1通)
学務局長: 李軫鎬
国民協会: 金琪邰, 金明濬(10通), 石明瑄, 李東雨(1通)
経済家: 張基昌(湖南銀行総務部調査課長, 1通), 韓相龍(6通)
その他: 嚴柱明(進明女子高等普通学校校長), 嚴昌燮(内務局事務官)

書簡は衆議院出馬に対する激励、当選祝い、各種人事請託、朝鮮統治についての政策提言(朴重陽書簡)、殖産銀行資金融資、土地の払い下げ、漁場許可請託など多様な内容が含まれている。この中で人事請託(本人及びその家族、親類縁者)が目立つ。守屋が日本に戻ってからも、後任の秘書課長等を通し朝鮮総督府の人事に影響力を行使していたことをうかがうことができる。特別任用された朝鮮人高等官は郡守－参与官－道知事－中枢院参議というキャリアパスを経る。300人余りを超える郡守のなかで参与官(13席)、道知事(5席)に昇進できるのはごく少数に限られていたため、熾烈な争いが繰り広げられるしかなかった。彼らは守屋の政治後援団体である昭和連盟に加入して後援をしたり(権泰用·申鉉求)、政治資金を寄付したり(金基煥·兪萬兼)、守屋が後援している相愛会のような団体に寄付する形(金琪邰)で昇進のための手蔓を求め守屋に接近したと思われる。守屋とこれらの官僚の間に

は、官僚ポストを取り巻きパトロン·クライアント関係((Patron Client Relationship)が成立していたという事だ。

一方、守屋をはじめとする「大正8年組」は、閔元植が「新日本主義」を旗印に設立した親日団体である国民協会の参政権請願運動を後援していた。守屋は日本に戻ってからも国民協会と持続的に連絡を取っていた。守屋は1937年と1941年の2回にわたり国民協会の衆議院委員選挙法施行請願を帝国会議に紹介した。

日本人書簡

日本人が送った書簡については、斎藤総督の書簡30通、斎藤総督の個人的顧問であった阿部充家の書簡5通、組合教会牧師であった山本忠美の書簡30通を収録した。

阿部が送った書簡は朝鮮人留学生(李道賢, 李乗鎮)、李光洙、鳥居龍蔵を紹介するものだ。阿部は斎藤総督に多くの朝鮮人留学生を紹介しているのだが、同様に守屋にも紹介して就職を斡旋し、体制内に引き入れようとしていたことが見て取れる。

斎藤が送った書簡は李王世子結婚問題、李堈公脱走事件、朝鮮鉄道の満鉄委託問題、三·一運動一周年培材学堂万歳示威、外国人宣教師問題など多様な朝鮮総督府の懸案と総督の個人的で簡単な舌代が盛り込まれている。日本国会図書館憲政資料館に所蔵されている「斎藤実関係文書」には守屋が斎藤に送った61通の書簡が収録されているが、守屋書簡と一緒に参照すれば「厚みのある史料講読」が可能であろう。

最後に組合教会牧師として1910年代朝鮮での伝道に従事し、3.1運動以後、在米宣伝活動のため米国に派遣された山本の書簡だ。山本は米国で宗教系を中心に日本の朝鮮統治を宣伝し、朝鮮総督府関係者の活動を支援、在米朝鮮人の親日化、朝鮮関係情報収集など多様な活動を展開、そしてその内容を守屋に報告している。これに関しては、李昇燁の論文(「帝国のミッショナリー:組合教会牧師·山本忠美の在米宣伝活動」,『歴史学部論集』9, 2019.)に詳しく説明されている。

第三者の書簡

第三者の書簡として、姜星熙(3通), 沈壽官(1通), 沈衡鎮(1通)が総督府総務課に勤務する細川貞之丞に送った書簡を収録した。郡守姜星熙の書簡は鳳山郡での地方改良状況、心田開発の名目で行われた講和の内容を総督府嘱託人の細川に報告している。沈壽官の書簡は東京帝国大学を卒業した後も就職難に苦しんでいるために、朝鮮総督府に就職を依頼しており、沈衡鎮の書簡は朝鮮総督府が発行している雑誌『朝鮮』に資料を提供している。 번역 : 近藤真理(ソウル市立大学大学院)

참고문헌

이형식,「조선총독부 관방의 조직과 인사」,『사회와역사』102, 2014

이형식,「친일관료 박중양과 조선통치」,『일본공간』26, 2019

手塚雄太, 「第一回普通選挙における選挙運動:内務官僚·植民地官僚守屋栄夫を事例として」,『史潮』84, 2018

西田彰一,「守屋栄夫小伝ー内務省での経歴を中心に」,『日本思想史研究会会報』35, 2019

松田利彦, 「朝鮮総督府官僚守屋栄夫と「文化政治」:守屋日記を中心に」, 松田利彦, やまだあつし編,『日本の朝鮮·台湾支配と植民地官僚』, 思文閣出版, 2009

李昇燁,「帝国のミッショナリー:組合教会牧師·山本忠美の在米宣伝活動」,『歴史学部論集』9, 2019

李炯植,『朝鮮總督府官僚の統治構想』, 吉川弘文館, 2013

1

일본인 서한

1. 阿部充家

1 | 1920. 9. 11.

拝啓　玉章及那一物難有頂戴夫々処置致し申候。当人も間接に御礼申上け呉れ候様との事に有之申候。米国議員団一行の返響も御警戒行届きたる為め大した事も無之御同慶に存上候。今や米国の朝鮮に於ける三十七八年前の露国たる観あり。只た彼は陸続き是は大洋を隔てゝ相対す地形に於て聊か相当あるが為め今日では左程に感せら(れ)ざるも交通界に於ける進歩隔世の感あり。油断大敵と存上候。先は貴酬まで申上候。不一

九月十一日　　　　　　阿部生

守屋大人

봉투앞면 京城倭城台官舎　守屋秘書官殿　봉투뒷면 芝区目黒台町 阿部充家
원사료번호 9-17-3

2 | 1924. 2. 16.

拝啓　明治政経科の卒業生李道賢御紹介申上候。此の男中々特志生にて苦学生七年の歳月を辛抱し漸く今回卒業致し可なりの成蹟にて高文予備試験も通過し居る位に有之。当人も是非高文試験を通過し度熱望し居るも到底学資の出所を見出す見込なく仕途を求め傍ら其準備をなさん志願に有之。何とか御高配を仰度当人差出し申候間宜しく願上候。未

た二十四とか申し子供子供致し居候得共其今日までの苦学生活に徴して可なり思想堅実なる人間たるを認め申候。先は紹介まで申上候。不一。

六月十六日　　　　　　阿部生

守屋先生左右

봉투앞면 守屋榮大殿 봉투뒷면 李道賢氏紹介　阿部充家
원사료번호 5-30-7

3 | 1924. 4. 22.

兼ねて御話し申上け置きたる李光洙御紹介申上候。御聞にも達し居候はんが彼は騒擾事件の際東京に於ける学生運動者の首領株にて当時の檄文なるものも当人の起草したるものに有之。当時上海に逃れ安の秘書として寵用せられ先年当局の諒解を得て帰来今日は東亜に筆を執り傍ら学校に教鞭を執り居申候。口は余り利き申さゞれと頭は中々鋭敏にて能く大局分り一廉用に立つべき人物と存申候。彼は田園生活に興味を有し兼ねて計画する所有之。当局へも願出て候ふ件も有之若し当人より願出候節は宜しく御力添へ願上候。小生の見る所にては当今京城に於ける彼等の仲間に於て用に立つべきものは崔南善、金性洙、李光洙、秦学文[1]の所なるべく、李相協[2]当局の通り頗る悪しく候ふも新聞

1 진학문(1894-1974) 동아일보 정치경제부장, 시대일보 편집 겸 발행인.
2 이상협(1893-1957) 매일신보 편집국장, 동아일보 편집국장, 조선일보 이사.

経営にかけては恐らく朝鮮第一なるへく一種の奇才なる閔泰瑗[3]なるもの未た頭角を顕はささるも有望の一人に有之候。余りに贅文を書き添へ恐縮千万。先つは紹介まで申上候。不一

四月廿二　　　　　　阿部生

守屋先生左右

봉투앞면 守屋栄夫殿 봉투뒷면 李光洙氏持参 阿部充家
원사료번호 5-30-25

4 | 1924. 6. 28.

拝啓 先日来長途の御旅行御疲労奉察上候。併し愉快にして有効なる御旅行御所得も多るべく慶幸の至りに存上候。特に御船中の事変は実に不祥事に有之候得共之を有利に運用せしむれば所謂禍を転して福となす一動機にも相成り可申と存上候。若し果して天意なるものありとせば総督にはかゝる匪徒のそれ丸では犯し得すと確信罷在朝鮮に対する総督の御誠意貫徹は再度の厄難に徴して疑ふべからさる天恵の存在を確信仕候。先便申上け候ふ政局の転換機も愈目睫の間に迫り加藤内閣の出現は既に疑ふしからざる所と推測され申候。附ては半島の政治にも多少の飛沫を蒙る事は必然の勢に可有之。何とぞ此際御自重祈上げ申候。加藤内閣が出現したとしても今日の総督府を根底より動揺せ

3 민태원(1894-1935) 동아일보 사회부장, 조선일보 편집국장.

しむる事は到底出来難き事に可有之。政党者流の慣用手段と申て利権獲得に手を染め出す事は御覚悟の前に可有之、今日より野を清めて御迎へなさる御準備肝要かと被存候。其に附て小生の立場上第一に関心なるは京城日報の将来に御座候。此の問題に附ては当地に於て一二耳にする事も有之、或は意見を問はれたる事も有之。頗る其の前途を危むもの有之。露骨無遠慮な告白をすれば現社長の評判頗る香からず虚隙の在る所は魔手の乗する所となる道理此の方面御考慮祈上候。一体御用新聞なるものは野心家常に羨望の的となるものにて何人も機会たにあれば第一番に目を附ける代物に有之。早くもかゝる風説を聞候決して故なしと被存候。而して即今京日は頗る遺憾の点有之。統治上無益有害の長物と非難する人あるも決して過言に非らず存申上候。此の点に就ては毎々総督に進言したる事も有之、一向に其効なきを遺憾に存し居り申候。小生の考る所にては早く同紙の改新を断行せられ一部野心家の標的を一掃され度切望仕候。原則として京城日報なるものは朝鮮を埋骨の地となし専心終身の事業として従事する証跡を有する人物にして多年朝鮮に在住する相当の資格者を撰任して渡り者一時的腰据に遣る連中に渡さぬと申す原則を確立せられ度切望に堪へず。京日の歴史を通観すれは小生の此言をなす十分の証拠有之。機関新聞を一部野心家の手に取らるゝ事は将来の統治上非常の不得策なる事は小生の努々を待たぬ所に有之。最後の申上け候ふは先達の御下問に対し御確答申せし如く小生が新聞に毫頭も野心なき一事に有之候。其節申上け置きたる鳥居龍蔵[4]へかゝる件同氏と会見別紙覚書を取り御一覧に

4 도리이 류조(1870-1953) 고고학자, 인류학자, 민속학자.

供し申候。是は是非御採用を願上け度切望仕候。費用は月に二三百円にて宜るべし。是を一事項に切り其成蹟に徴し次の事項に移り往くと申す趣向に致しても宜しかるべし。其採否の如何に依つて実際上の話を進むる事に致し可申候。何れ政局の進捗に伴ひ御地に関係ある問題に接触したら■■可申上候。

五月二十八日　　　　　　阿部生

守屋先生左右

覚書 左は小生の試みてみたきものに候。

一 鮮人体質調査の結果

鮮人の人類学的体質測定は凡そ十ヶ年に渡渉て朝鮮各道の男女に就て試みしものにして各郡の男女各々二十歳より三十歳までの者二十人を選びたり。調査人員は殆んど七千人に達せり。是等の結果を報告書に作成せんは極めて重大なる事にてその結果は彼等の人類学上何物なるかを知るに尤も適当なるものとす。是等測定人員の写真はまたすべて存在す。報告には是等写真を附し記事、体質の分布地図、歴史的、民族的の比較等を精記せん考なり。頁数役千ページ以内、大なる図表、地図をはじめ写真七百枚程あり。以上を完成する為め出来得べくんば一人の人類学選科卒業生を助手として採用するを得ば最も都合よろし。若しこの報告が出来上れば学術上至誠上頗る参考にする所あるべし。

二 朝鮮有史以前の報告

這は小生の十数年従事なし居るものなるが総督府は小生のこの研究調査の結果報告に就ては当時熱心なる補助を受け居らず、報告作成上頗る困難の位置にあり。抑も朝鮮の歴史的民族的研究は現今尤も新しき科学より云へば、必ずや有史以前より始め、而かも之を基礎となさゞる可からず。然るに朝鮮総督府の史蹟調査、史料探訪は大に之を欠ぎ居るやの感あり。小生は之を大成なし度きに新に是非とも多大なる御援助を乞ひたし。若し出来得へくんば一名の助手を補助として付け下されば最も幸甚なり。頁数約千ページ以上に達し、数百枚の図録、地図等あり。

三 鮮人固有土俗の調査

日本と朝鮮と親密なる関係あるはすでに有史以前よりの事に属す。日韓民族は人類学上 Corea-Japanese groupsとして見るべきものなり。鮮人の風習中日本古代の其れを保存するもの頗る多く、仮令ば巫人の如きしめ縄の如き神社深林の如き是れなり。是等は人類学上土俗学より調査せば日韓仝一の風習を知るに尤も便利なるものなり。然るに今日未だ是等の総体的調査を試み居らす。尤も民法的調査の如きなきにあらずと云へとも、這は法律上より調査委にて鮮人固有風習のものにあらず。是等の調査は史料探訪、古蹟調査以上に大切なるものにして、鮮日融和、鮮人統治の上に於て最も著しき功績あるものと信ず。また鮮人中近時是等の歴史的、土俗的日鮮同一類似の思考に傾きまかるもの敢て少なくとせざるときなれば、当路者の大に注意を願ひ度きものなり。かくして所謂我が祖先の『妣の国ハハノクニ)』は朝鮮なるに到着せん。願はくは一調査を云ひ之に試みうる所あらば日鮮人の為め最も幸福とする所ならん。小生は先づ以上の事項に渉つて仕事をせんとする考なるが、報告は日本文と外国文との二つにて起草せん心組なり。一寸覚書を記して御参考に供致申候。

五月十六日　　　　　　鳥居龍蔵

봉투앞면 京城倭城台下　守屋栄夫殿 봉투뒷면 阿部充家
원문서번호 5-30-32

5 | (연도불명) 9. 22.

拝啓 御帰朝の事は承りながら永く病気致し居り、未だ十分に元気を恢復し得ず為め御無礼致し居申候。近日中に伺候の心得に御坐候。偖て此状持参の人は忠南瑞山の素封家にて父は曽て日本の視察に来り種々研究の結果を自家の産業の上に応用し其の地方に於ける先達の一人に有之。此の人は慶応大学を終へ此から何か事業を計画せん為め更らに東京視察に来りたる者にて御覧の通り極めて穏堅の質にて是非此等の人を物になし度候。小生も折角助力致し居候間将来の事に就き篤斗御教示を蒙り度候。当人差出申候間何とぞ宜しく御教示を賜はり度願上候。先は右まで草々不一。九月二十二日　阿部生

守屋部長殿　左右

봉투앞면 社会局　守屋栄夫殿　봉투뒷면 李秉鎮氏持参　阿部充家
원문서번호 85-10-99

2. 斎藤実

1 | 1919. 9. 19.

実

別冊は鮮于金筍[5]より受取たるものにて一部は白上課長[6]に出し謄写版に附せられ度希望致置けりと云ふ。一読するに彼れの講話としては差支もある間布存候得共御一読被下度不都合の点なければ謄写版にすること。彼れを奨励するの意味に於て可然歟。　九月十九日

大正八年九月十五日　　　　　　夢岩生(全北)斎藤宛書翰

朝鮮総督　閣下　秘親展

全北金堤郡　夢岩生　封

朝鮮政治の御革新に就ては先般下し賜りたる大詔の聖旨に基き夫々御実施のことゝ奉存候へ共尚朝鮮人民として将来に於ける希望を敢て左に具陳仕候間御施政上御参考の資に供せられ度奉懇願候。追て尚本年八月二十一日全北日々新聞上「斎藤新総督に望む本末を顛末する勿れ」と題したる某朝鮮通談は従来に行はれたる禍害中一種と雖も実際に適せる実情の談にして御施政上最も参考とすへき極く必要の事項と被存候。

記

5 선우순(1891-1933) 대동동지회 회장, 중추원 참의.

6 시라카미 유키치(白上佑吉, 1884-1965) 조선총독부 경무국 고등경찰과장.

一. 総督官房に探情官専任二十六人(内鮮人同数) 宣伝官専任十三人(朝鮮人)を置くこと

探情官は内鮮人二名を以て一組とし十三組に分ち各道を順次毎月一回宛巡視し左の実情を探査し総督に申報する事

イ. 地方行政は総督府の施政方針に基きたるものなるや否や

ロ. 総督府政治に対する人民の感想又は希望

ハ. 地方官公吏職務執行に当りては人民を本位とするや否や並之か親切の

当否

ニ. 地方庁(裁判所含む)に於て処分したる内鮮人間の係争事件は公平なる

や否や

ホ. 内鮮人融和の状況(知識階級に区分)

ヘ. 其他施政上参考とすへき事項

宣伝官は一道を一名宛とし順次して毎月一回巡廻し左の事項を宣伝し其の状況を総督に申報すること

イ. 大詔の誓旨を徹底せしむること

ロ. 総督府の施政方針を説明すること

ハ. 法令を周知せしむること

二. 各面に探情函を設備し人民をして総督に達せむとする情を書面にて認め之に投入せしむること。右函の開鎖は探情官専ら之を為すこと

三. 民情を親しく聴取する為め総督府に地方諮問会を毎年二回宛開催すること

地方諮問会は甲、乙種とし甲種は民間代表、乙種は地方官吏(判任官)の

代表者(毎日人民と接近し民情に適するもの)を以てすること
四. 地方官公吏は品行方正且道徳心に富ぶものを以て選任すること
五. 各面に普通学校、郡に高等学校、道に専門学校を設置すること
六. 朝鮮笞形令を廃止すること

絶対に禁ずへき事項

一. 警察官吏人民に対する圧迫手段
二. 内地人大地主小作人に対する悪手段
三. 内地人貸金業者の悪手段
四. 内地人不逞のものは一々退朝せしむること

右

大正八年九月十五日　夢岩生　朝鮮総督　閣下

봉투앞면 守屋秘書官殿 親展 봉투뒷면 斎藤実
원문서번호 5－5－34

2 | 1919. 11. 1.

拝啓 益御清祥奉賀候。客月廿付御懇書昨夜拝読仕候。水野令夫人御旅行中の御疲労甚しからすとのこと第一に喜敷存候。又早速留守宅御尋被下候趣難有仕合奉存候。政務総監も首相已下の頭脳を朝鮮本位に向はしむる為めには多大の努力を要せらるゝ事と存候。当方の状況は例の如くに候へ共先以て昨日の天長節は無事に静穏に経過致し高等普通学校並に高等女学校に遺憾の点ありしも格別問題とする程には無之不穏文

書取締に関する方面にては警察側に於て有力なる者を検挙し延て重大なる事件をも探知し得へきかとのことにて大に意気込居模様に御座候。別紙に相認候通李王世子御結婚問題は単純なる考を以て来春決行は不可なるの感を起さしめ候。朝鮮人並に永く在留せる日本人等の意見に該御結婚を不可とせるものあることに承り居候も頃日或人の談にも御結婚後数年間は妃殿下御同列御入鮮などは頗る危険なりとの観察を下すものあり。国分[7]氏なども来春御結婚あるとしても当分御入鮮は然るへからすと申居候。而して尹澤栄[8]一派は来春の御結婚に反対するの運動に着手せるものの如く若しこれか決行を見は少くも新李王職長官等を排斥するの材料とする計画と相見得候。近日の内新旧李王職員を招き一応の懇親談相試候ことに致置候得共尹は中々静止の出来る性質にて種々同論見つゝあることも有之候由にて油断のならぬ次第に候。唯彼等の蠢動か排日的気分に投して喪中に婚を強ひたり迚問題を大にし将来の和平を破らしむるか如きは面白からすと存候故に此意味を十分宮内省側に説明して更に一年の延期を問題決定前に宣言するを可なりとする次第なり。此問題に付国分次官などの言は別紙の如くなれども彼等職員の苦心は想像の外なりと認め候。而して一面に於て一般鮮民に対する感情を考察すること甚緊要事に候。右一件は政務総監江御伝被下度候。張徳秀の件は警務局に於て不取計候間呂運亨と馬関にて会合上京為致候由に候。英人トーマスと云ふ者の件外務省にて交渉の方針感服致難きも既に大使との間に公然談判済の上は何等

---

7 고쿠부 쇼타로(国分象太郎, 1862-1921) 이왕직 차관.

8 윤택영(1876-1935) 후작.

致し方なし。本人はこれより帰国すと云ふを以て十二月に英国にて立会診断の結果巨額の金額を支払ふことになるべきは明かなるか如く誠に遺憾の至に候。要するに総督府と外務省と意志の疎通を欠きたる結果に外ならず当方の話に依れば都合好く話せは五千円乃至壱万円にて結了し得べきことの如くに候。不日本人に面会可致候得共素より本問題には立入らさる積りに候。時下折角御自愛祈上候。尚奥様宜布御鳳聲被下度荊妻より申出候。匆々頓首

斎藤実

十一月一日　　　　　　守屋賢兄　玉几下

李王世子御結婚問題に関する件過日李王職長官及賛侍更迭に際し新長官等へ御一周年後適当の時機に於て可成速かに御予定の御婚儀被為行候方可然旨申聞かせ置候処頃日東京通信等に三年の旧韓国式喪のありたる後(満二年即ち明後年の春を云ふ)迄挙式を延引すべき旨京城へ報したるものありと承りしか李王職江(新聞記者敬)問合せたるものありし由にて国分次官が内々李王の意向を探りたる処に拠れは堅き決心を以て満二年後にあらされば不可なりとの意見を有せらるゝものゝ如く其理由は普通朝鮮人さへも二年(即ち三年の喪)を経過せされは慶事を挙けさるを以て孝道として厳確に行ひ居るものを義表たるへき地位にある王にして之を破るは忍ひさる所なりと云ふにありと。右の次第に付李王職長官以下も当惑致居趣国分次官の来談なり。尤も同職員に於ては何とか都合好き諒解(王の)を得ることに努むべき覚悟の趣申出候。然るに王にして右の如き決心あり。朝鮮人一般は素より歓迎せさる処なりとせば大に考慮を要すへさ問題に有之、殊とに宮内省

側より之を強ひたりとの流言など行はるゝときは一種不快なる事と相成候処ありと存候間深く御考慮被下候様希望致し候。已上
十月三十一日認

봉투앞면 東京市本郷区駒込上冨士前町五 守屋栄夫殿 親展 봉투뒷면 朝鮮京城 斎藤実
원문서번호 5－28－10

3 | 1919. 11. 12.

七日附の貴翰拝見、種々御配慮感謝之至に御坐候。李王家結婚問題に関しては昨日政務総監へ通信致置候が何とかして延引せずして挙式可叶やとのことにて両三日中には確報に接すへくと存候。結局李王を説伏せ李王より宣言せしむる仕組と相見得候。尹徳栄[9]は新長官等を窮困せしむべき挙動に出てんとせしも、公明なる総督府側の態度に依り、今は新長官等と親交の外なしと考ひ且つ行動せんとしつゝあるものゝ如くに候。當官邸に於て新旧長官巳下と晩食を共にし其後彼等同士の会食を為せし由にて幾分打解け交際することになりし由に候。李堈公脱走のことは電報御承知の通なるか幸に新義州(実際は安東県ならんか)に於て取押るを得、明朝は帰城の予定に有之候。此隠謀は天長節に於て逮捕したる尹、姜等の事件と関聯し居ること段々に分り来り候ものゝ如く李堈公は古賀長官[10]等の関係より且つ操縦しつゝありと称せ

9 윤덕영(1873-1940) 자작, 이왕직 찬시.
10 고가 렌조(古賀廉造, 1858-1942) 척식국 장관.

らるゝ鄭安立の独立運動の為めに琿春又は吉林方面に拺し去る計画なりしものゝ如く金嘉鎮(男爵)の吉林に脱走したることの如き此系統の計画と想像すべき情報あり、兎に角古賀氏の末永節[11]を利用して鄭安立に一独立国を立てしめんとする計画の如きは甚不都合(若しありとせば)に付首相にも被話厳戒を下され度候様政務総監へ御伝被下度候。尚李堈公騒動と共に警務局嘱託の天運某等(先般中枢院に通訳したる人)所在不明となりしが本日不逞鮮人の集合所に同人を獲たることの如き善悪両方面の観察あり。或は一層明瞭なる事情を知るの端緒を得へき欤。兎に角方角丈けは明かに相成候様の感あり。此所暫く京城は小康を得るならんと存候。今一つ李堈公のことに付赤坂邊に同公より派遣せし一鮮人あり。往復の書面に依れば政務総監に面会の予定云々のことありと弥張鄭安立独立問題の機微を探らしむる為め人を特派したるものならんと存候。右相認居候内に丸山氏[12]千葉氏[13]抔来訪情報々告を承り候次第にて前后不揃に付宜しく御判読の上水野総監に御伝被下度候。昨日より平壌に出張の赤池氏[14]も唯今帰府の趣警察方面何れも大勉強に候。貴族連中へ歳暮賜物を要する趣に付、御上京中に物品御取揃を願度、近日中に品数等御通知可致候得共、御序に品物のある店舗に就き御参考の為め御覧被下度候。京橋区弥左衛門町宮本商行は年末出入の店にて勉強可致と存候間一度御立寄御試置被下度候。時下折角御

11 스에나가 미사오(末永節, 1869-1960) 대륙낭인.

12 마루야마 쓰루키치(丸山鶴吉, 1883-1956) 경무국 사무관.

13 지바 료(千葉了, 1884-1963) 경기도 경찰부장.

14 아카이케 아쓰시(赤池濃, 1879-1945) 경무국장.

自愛祈上候。匆々

十一月十二日夜　　　　　　斎藤

守屋君玉几下

附曰

斉より自働車のことに付、御手数願上候趣深謝申上候。尚奥様に宜布御伝願上度旨家内より申出候。当地は秋冷加らす日増暖和を覚候、併なから木の葉は落ちて寒中の観あり。夜霜強きやに御座候。

봉투앞면 東京市本郷区駒込上富士前町五　守屋栄夫殿　必親展 봉투뒷면 朝鮮京城 斎藤実
원문서번호 5－28－8

4 | 1919. 11. 17.

有馬氏に拠り御発送の貴翰並に種々御手数願上候一切の雑件物品等正に領掌御配慮感謝之至に御座候。度々書面にて申述候李王世子御結婚問題は最後に政務総監に電報致候通り都合好相運び安心此上は来春適当の期日を定むる迄に候。此件に関しても草紙にし難き内情あり。併し最早顧慮を要せすと存候。李堈公のことは未た充分に取調出来ず正確なる報道は他日に譲り申候。仮りに緑泉亭に保護致居候も一週間の後には徳寿宮内の一小館に移す予定に候。(該館小修理を要するか為めなり)同公頻りに本邸に帰ることを望む由なるも周囲の取調を了したる后同公の審問を為し然る後に何分の措置を定め候積りに候。同公に主動的行為の有無は疑問なるも勧誘に応したるの疑は充分なれとも全く蛩迫に依りたるものゝ如く装ひ居る哉に候。上海より東京に招致すと云ふ不逞鮮人に関しては当地に於ては恰も仮政府なるものより帝国政府に使節を送るものなりとの流言伝播したる為め甚た面白からさる兆候を招はしたりとの報あり。或は該不逞鮮人招致に際し彼等を誘ふに切なるの余り何か我政府に不利なるの言を以てせしにはあらすやと心配し居る向も有之候。要するに新入の鮮人と在東京の不逞鮮人等との交通を自由ならしむるか如きことなき様各方面に注意相成候様政務総監江御嘶被下度候。満鉄増資に代るに朝鮮鉄道を提供せんとする問題には同意出来難き旨申置候処過日首相よりの伝言として林権助男[15]の話を承り候に付尚篤と考慮せしめ万一の場合の為め一二の案を得置候。併しなから私より進んて提議すへき事柄にあらず。政府の真意を政務総監迄交渉ありし後にあらされば答案を考ふる必要ある間布や不完全なる朝鮮鉄道網を朝鮮本位にあらさる営利会社に委するの危険なるは云ふ迄もなく朝鮮の鉄道政策を無視するものにして許すへからさることに属すと雖とも総督府に於て鉄道運転と建設を行ふべき条件を以て解決せば或は鉄道其物を出資物件とするも不可なかるべきか考究中の案件は此点にあり。何れの点より見るも朝鮮鉄道を満鉄に運転せしむるの謬は改むるの必要ありと存候。此事も政務総監へ御話相成度候。地方巡回諸員の報告を聞き各種の情報に依り察するに所謂怠業的行為顕然たるには困入候。概して官吏の態度誠に感服出来さるものあり。此侭にては到底何事も進行出来難くとの観察に候。大

15 하야시 곤스케(林権助, 1860-1939) 남작, 관동장관.

に更迭を行ひ人心を新たにすること目下の急務に付政務総監の帰任を待ち人事上の更新を促す積りに候。情報あり。閔元植[16]上京孫秉熙赦免運動に従事すと此に於て彼れか天道教の補助を受けつゝあるの事実を證明すと云ふものあり。天道教は総督府放任主義なりとの楽観論ありて平安南北黄海道等信者劇増の情報相見得候。客月末に於ける大誠米集金十万－乃至十四万円ありしと云ふものあり。(一説には地方より該金額を持来りしは事実なれとも或者は現主教者を任せすして持帰りたるものもありと)兎に角天道教問題と対孫問題は確定したる方針を以て之に臨まさるべからす候。近頃毎晩客責にて閉口の処今晩は閑を得たるに付思出の侭

を認め候。時下折角御自愛相成度水野総監御夫婦、宜布御伝被下度候。

匆々頓首

十一月十七日夜　　　　　　まこと

守屋賢兄　玉几下

尚々奥様に宜布御伝被下度荊妻より申出候。以上又荊妻より段々御手数被成下候御礼特に宜布申上候。以上

봉투앞면 東京市本郷区駒込上冨士前町五　守屋栄夫殿　봉투뒷면 必親展　朝鮮京城斎藤実
원문서번호 5－28－11

16 민원식(1886-1921) 국민협회 회장.

5 | 1919. 11. 25.

拝啓 益御多祥奉賀候。陳者今般時永事務官[17]上京更に托し陛下江献上の巻煙草入の木函壱総督府出張所気付向井侍従武官宛にて差出候間同官と電話にて御交渉の上同官迄御届被下度候。此巻煙草は予て向井少将を以て御沙汰の次第有之候に付差出候ものに御座候間其御含にて御取次被下度候。若し向井少将旅行等の場合には右の趣を以て四竈侍従武官[18]江御届被下度候。右願用迄匆々頓首。

十一月二十五日　　　　　　斎藤

守屋秘書官殿

봉투앞면 東京市本郷駒込上富士前町五 守屋栄夫殿 親展 봉투뒷면 朝鮮京城 斎藤実
원문서번호 86-353-15

6 | 1919. 12. 10.

両度之御郵書難有拝見仕候。予算の方は甚困りたる状況と存し候得共、総監並に局長の努力に依り必らす相当の解決を得ることゝ信する所に有之候。一昨日の電報に対し当方局部長の会議を開き答電差出置候。宣教師問題として警務局長か発表したることに付拓殖局長官並に外相よ

17 도키나가 우라조(時永浦三, 1884-1929) 조선총독부 사무관.

18 시카마 고스케(四竈孝輔, 1876-1937) 시종무관.

り電報にて詰問的に申来りたるに付夫々答電為致置候得共右は朝鮮人牧師及基督教信者と在外不逞鮮人との聯絡を(部分的に)公表したるに過きすして敢て外国宣教師に関する攻撃にあらさるも間接に無論影響する所あるべく要するに赤池氏の態度と新聞記事が餘り挑戦的に見へたるに過きす何等重大視すへきことにあらずと存候間其御含を以て御弁解御取計置被下存候。献上品に関し御配慮深謝申上候。御帰任も近つき候に付彼是御多忙と御察仕候。甚御面倒之至に候得共御帰任の際留守宅より御願致候度もの有之由に候間何卒御持帰り被成下度電話にて留守宅江御指図奉希候。当地も少々寒く相成昨日来終日解氷せさる様に候。併し例の四温転還せば凌き易き日も可有之と存居候。時下折角御自愛祈上候。尚総監巳下各位へ宜布御伝声被成下度候。匆々頓首

十二月十日　実

守屋賢兄　玉几下

附曰

御奥様に宜希御伝被下度荊妻より申出候。以上

봉투앞면 東京市芝区櫻田本郷町十七朝鮮総督府出張所　守屋栄夫殿 親展 봉투뒷면 朝鮮京城 斎藤実

원문서번호 5-28-9

7 | 1919. 12. 23.

斉[19]渡鮮に付多大の御配慮感謝之至に御座候。同人へ御托しの貴翰に依

19 사이토 히토시(斎藤斉) 사이토 총독의 양자.

り総監の御容子等詳悉仕候。想像の如く就任已来の繁劇に上京中の苦心等困を為したるに相違無之度々無理に抑ひたる病気か台頭し来りたるものと存候間此際普通の応急養成に止めす三週間も湘南地方に静養あらんことを切に希望致候。二三打合せ度ことなきにあらさるも非常に急く訳にもあらさるを以て近く上京の松永外事課長[20]及大塚内務局長[21]に申含め総監の意見を聞かせ候ことに可致総監静養のこと(併せて総監夫人の養生法等)確定の上は貴官丈け帰任相成り候様致度其上にて貴官なり伊藤氏[22]なり更に出張可然と存候。寒気襲来と共に西比利亜及満洲より「インフルエンザ」の突撃を受け京城も大恐慌の状況に有之候。総監御夫婦へ宜布御伝被成下度尚時節柄御自愛専一祈上候。頓首

十二月廿三日朝　実

守屋賢兄

玉几下

尚々荊妻より宜布御礼申出候且つ奥様へ宜布御伝被下申出候■。拝啓愈御勇健奉賀候

봉투앞면 東京市本郷駒込上冨士前町五　守屋栄夫殿　至急　親展　봉투뒷면 朝鮮京城 斎藤実
원문서번호 86-353-14

20 마쓰나가 다케키치(松永武吉, 1869-1936) 조선총독부 외사과장.

21 오쓰카 쓰네사부로(大塚常三郎, 1880-1926) 총독부 내무국장.

22 이토 다케히코(伊藤武彦, 1891-?) 조선총독부 비서관.

8 | 1920(추정) 2. 9.

平和記念日本之大勢発行所理事長　白石忠次郎

小石川区上冨坂町十一番地電話小石川六一〇番

口代

後藤男[23]の名刺を以て白石某氏来訪。出版物賛成を乞ふ。然るに賛成者名簿に拙者を賛成者として印刷しあり。故に其不都合を咎め承諾を与へす。頻りに総督府として何とか願度旨申出るに依り出張所に秘書官に請願を試みよと申置きたり。若し来らは十分に不都合を責められ終局一本購入位を諾するも可ならんか。

二月九日　実　　　　　守屋君

봉투앞면 朝鮮総督府出張所　守屋秘書官殿　親展 봉투뒷면 実
원문서번호 86-353-3

9 | 1920(추정) 3. 6.

「ウエルチ[24]」は別電の如く抗議せしのみならず彼れはアツペンゼラー[25]の電報に依り速に京城に至り何分の措置を要すと云へるも予は

23 고토 심페이(後藤新平, 1857-1929) 대만총독부 민정장관, 만철 초대총재, 남작.

24 웰치(Herbert Welch, 1862-1969) 미감리회 한국 및 일본 감독.

25 아펜젤러(Appenzeller, Henry Dodge, 1889-1953) 배재학교 교장.

特に京城に行かすとも先つ暫く形勢を見られては如何と宥め置きたり。併し此侭に放棄せば必らす米本国に報告を送り報復手段に出ること明かなり。御互に今日迄講し来りたる緩和策も水泡に帰するのみならす一層好ましからさる悪感情を高めしむるの虞あり。本件に関しては篤と御考慮の上善後の手段を取られんことを希望す。右の如き意味の電報を政務総監迄御発送被下度候。

三月六日　実　　　　　　守屋秘書官殿

봉투앞면 市内本郷区駒込上富士前町五　守屋栄夫殿(速達)親展 봉투뒷면 四谷仲町三丁目 斎藤実
원문서번호 86-353-23

10 | 1920(추정) 3(추정) 15.

朝鮮青年会員渡来補助の儀に付平沢龍彦氏差出候間可然御取計被下度候。

実

守屋秘書官殿

「男爵　斎藤實」名刺裏利用

口代

別紙の要領政務総監迄電報御発し置被下度候　実　守屋秘書官殿

口代

別紙の要領政務総監迄電報御発し置被下度候。

十五日　実

守屋秘書官殿

ウエルチ及アツベゼラへ面会。アツペンゼラの申告書を見たるに付幸便にて送るウエルチは当分仮校長を置き開校するの可否を問へるに付、他に差支なき限り開校然るへき旨答置けり。然るに教員一と生徒一四検束中の由なるもアツペンゼラの言に拠れは学校にては万歳高唱を認めたるものなきも巡査の強ひて認めたるに過す児童中取調の際惨酷なる取扱を受け指を折りたるものもありしと事実ならは甚遺憾なり。是等は真の騒擾者として裁判に附せらるゝ積なりや。可成速決処分あらんことを望む。尚紀元節当日非出席生徒の首謀者を発見報告すべく京畿道より厳命あるも何分取調難き由なり。是等の追及も当分手加減あらんことを希望す。蓋しアツペンゼラの如きは善導し得べしと信するを以てなり。尚関東都督は此会社に対し支那側即ち張作霖は土地を以て出資とすと云ふを以て可成早く会社を成立せしむるを望むに付兎に角多少補助を与ることを約し官憲の後援あることを示さんとの内意ある次第なり。中日勧業株式会社に関し林関東長官より内議の次第もあり。在満朝鮮人に安定を与るの趣意にて此際金五万円を関東都督府に手■■■■「李完用以下加藤房蔵」ことに致度該会社より願書来り居り候も総督官舎に収め置たる侭上京せしに付帰任の上御協議可致考にて罷在候処近頃此問題起りしに依り茲に提案す。素より中日勧業会社に補助を為す当該官庁は都督府たるへく同府も相当考慮中なれとも本年は拾万円外なきに依り朝鮮より五万円の援助を望むと云ふにあり。但し会社は六分の利子補給を望む次第なるか関東都督は一時限り拾五万円を補助すと云ふ。

봉투앞면 総督府出張所守屋秘書官殿　親展　봉투뒷면 斎藤実
원문서번호 86-353-17

11 | 1920(추정)월일 불명

朝鮮総督府封筒二號

聞尼港殉難顛末有作

盧兵優勢壊無由　七百仝胞殪兇讐

追憶誰禁悲憤涙黒龍江畔鬼啾々

　　近有為尼港殉難者建彰忠碑

　　之議乃獲此以賛厥挙

絶域横屍事可悲啾々鬼哭黒龍湄

請見櫻花民族至誠血凝作彰忠一

片碑

　近聞日華実業会創立之挙

　有作

不須小利眼前争相互只当推赤誠

恰好日華先覚者欲将経済策連盟

봉투앞면 守屋秘書官殿　親展 봉투뒷면 實
원문서번호 5－5－11

12 | 1921(추정) 2. 22.

福島大尉御用掛免せられるべきこと。草場大尉右御用掛仰付らるへきこと。赤池警務局長北京行は各局長不在の場合に付暫時見合せ度政務総監意見に付延期方可然、御通知置あり度。

口代

昨日御話仕候橋口嬢の写真到達に付不取敢差出候。宜布御配慮希上候。

實

二月二十二日　　　　　守屋君

봉투앞면 守屋秘書官殿
원문서번호 5－5－30

13 | 1921(추정) 월일불명

政尾公使[26]任地に於て薨去の報に接し驚入恭く追悼の意を表す。同令夫人も御任地なるや返電を煩す　斎藤　東京永田町九鬼男爵　右電報御取計被下度候。　実

봉투앞면 守屋秘書官殿
원문서번호 5－5－12

26 마사오 후지키치(政尾藤吉, 1871-1921) 타이공사.

14 | 1925. 10. 23.

拝啓 益御清勝奉賀候。陳者京城にて御知合の岩間亮氏家庭の都合上時々京城に行くことにして東京に定住の希望有之。嘱託など志望の趣あに付取調候処(朝鮮人の世話をすることなどを望めり)目下然るべき方法無之困居候。何歟御存知の方面に彼れの如き真面目な人間を要する方無之候や。本人に御訪問可致様に勧置候間御引見被下候はゝ幸甚。過日は途中にて甚失礼。久振にて御目に懸り喜申候。老生等二十七日夕当地出席一時帰任来月十日頃再上京の積り御座候。其節拝顔万得其意可申候。時下折角御自愛祈上候。奥様へも宜布御伝被下度家内よりも同様申上候。頓首

十月二十三日 実　　　　守屋賢兄

玉几下

봉투앞면 市内麹町区社会局　守屋栄夫殿 (速達親展) 봉투뒷면 四谷仲町二丁目　斎藤実
원문서번호 86-353-9

15 | 1927. 6. 23.

拝啓　益御清昌奉賀候。陳者東京出発前より種々御厚情を辱ふし難有仕合奉存候。御蔭に依り無事任地に到着第一会丈けは了し候得共昨日より案の内容説明に取掛り候様の次第にて未た海のものとも山のものとも判り兼候。其内状況御報可致候得共大体は新聞電報に依り御推察被

下度候。但し新聞は不相替想像が主躰なるを以て真想は御判断に依り候方却て確実と存候。長岡長官帰朝の由承り候に付別封御依頼仕候間御序の節御届被下度候。時下折角御自愛祈上候。尚御一家御一同様へ宜布御伝被下度希上候。敬具　実

六月二十三日　　　　　　守屋賢台　玉几下

東京内務省

社会局

守屋栄夫殿

寿府

斎藤実

봉투앞면 守屋栄夫殿
원문서번호 86-353-27

16 | 1928(추정). 10. 23.

拝啓 陳者徳夫[27]君令夫人御逝去去る廿日尊宅に於て告別式被為行候趣。朝鮮の新聞にて承知。誠に不行届御申訳無之候。甚恐入候得共御悔申上度候間別封徳夫君御所在地へ御発送被成下度奉希候。老生両三日前より一の宮へ参り居昨日帰京の積に御座候。書外拝晤に譲り申候。

匆々頓首

27 모리야 도쿠오(守屋德夫, 1888-?) 조선식산은행 조사과장.

十月二十三日　　　　　　　斎藤実

守屋栄夫様

　　玉几下

봉투앞면 東京市外瀧の川町西ヶ原七四　守屋栄夫殿書留　봉투뒷면 千葉県一宮海岸 斎藤実
원문서번호 7-147-70

17 | 1932. 8. 18.

拝啓　一昨夜は御　賀被下難有仕合また深更迄種々御懇切に御配慮の段恐縮千萬に奉存候。何れ拝顔の機械を得御意可申候へ共右御礼申上度候。怱々頓首　実　八月十八日　　　　　　守屋賢台　玉案ト

원문서번호 83-3-8

18 | 1933. 5. 6.

拝啓　益御清祥奉賀候。陳者昨日は老生の胸像御寄贈を蒙り難有仕合に奉存候。何れ拝鳳■御礼可申上候得共不取敢茲に感謝申述度如斯に御座候。尚時下折角御自愛祈上候。敬具　五月六日　斎藤実　守屋栄夫様　玉机下

봉투뒷면 東京四谷中町三丁目　斎藤実
원문서번호 84-11-19

19 | 연월불명 14.

口代

明日午後二時半より貴方之自働車壱臺借用致度拙宅迄御遣し被下候はゞ幸甚。

十四日　実

守屋秘書官殿

봉투앞면 守屋秘書官殿用事 봉투뒷면 斎藤
원문서번호 625－5－10

20 | 연월불명

機費　口代

金六百円の小切手御調整御渡被下度候。頓首

十五日　実

守屋秘書官殿

봉투앞면 守屋秘書官殿　親展 봉투뒷면 実
원문서번호 5－5－16

21 | 연월불명

口代

不在中別紙の依頼書参り居候に付出来る丈けのことを警務局と御相談出来得れば直ちに電報御取計被下度候。

廿七日　　実

守屋秘書官殿。

봉투뒷면 斎藤実
원문서번호 5　5－31

22 | 연월불명

今日は登庁致さす候間書類は当方へ御廻し被下度候。午食は加藤少将と共に致すべく候間十二時半御出被下度清藤福島両氏も参る様御通し置被下度候。匆々　二十八日　実　守屋秘書官殿

봉투앞면 守屋秘書官殿　봉투뒷면 實
원문서번호 5－5－35

23 | 연월불명

口代

宮城県在住の叔父病死の報に接し忌中に付明日京城神社は代拝御取計

貴官は御静養可然と存候間半井文書課長にても御頼被下度候。

実

三十日　　　　　　守屋秘書官殿

봉투앞면 守屋秘書官殿　봉투뒷면 實
원문서번호 5－5－36

24 | 연월불명

口代　右の招待状は当方にて結了

八日の分何名なりや。古賀氏旅行の為め断に付人数都合如何や。

봉투앞면 守屋秘書官殿 用事
원문서번호 5－5－38

25 | 연월불명

口代 別紙戸籍謄本唯今到達に付茲に封入候間引換方御取計被下度及御依

頼候。　十七日　　　　　実

守屋様

봉투앞면 守屋栄夫殿　親展　봉투뒷면 斎藤実
원문서번호 6-53-1

26 | 연월불명

斎藤大佐二十四日出発の電報ありしが何日京城に入る予定となる哉。面会致度に付警務局に御問合せ相成場合に依ては一両日延引するも差支なく候間右御確め相成度候。

二十二日　　　　　　実　守屋秘書官殿

봉투앞면 守屋秘書官殿　親展
원문서번호 6-53-16

27 | 연월불명

別紙書留郵便を以て政務総監へ至急御回附相成度候。

十一月三日　実

守屋秘書官殿

別紙政務総監へ御通信の序に御差出被下度候。

十一月四日　実

吉田正直窯業に対し金員を与ひ(将来も若干与ることを約し)居れり候。乍併これは朝鮮総督としての寄与にあらず。全く個人としての行為なり。本人に誤解なき様申遣すべし。

十一月三日　実

봉투앞면 守屋秘書官殿　至急親展　봉투뒷면 実
원문서번호 9-20-2

28 | 연월불명

別冊拝見済返上

○

昨朝五○○○好子宛にて送金の処行違に別紙電報参り候得共更に申来る候迄差控置候間御含置被下度候。匆々

六日　　　　　　実

守屋庶務部長殿

봉투앞면 守屋部長殿必親展 봉투뒷면 朝鮮総督秘書官松村松盛(朝鮮総督府封筒二號)
원문서번호 9-27-2

29 | (연도불명) 12.20

拝啓　益御健勝奉賀候。従弟斎藤文也と申すものを御紹介申上候。同人

は蘭領ニウギニアに於ける事業を企画し東拓の分れなる南洋興発会社に依頼し或程度の援助約束成立居候処此度東拓総裁の更迭に依り実行延引の通知を受け非常に困惑の趣申来り老生の助力を頼来り候へ共到底書面交渉などにて片付べき問題に非らすと存候に付御多忙中恐入候得とも藤原君に御逢被下成るべきか成るべからざるかを御確の上文也へ何分の御告示を願ふことを得ば難有仕合に御座候。

今日迄の事の経緯は文也より一応御聴取被成下度願上候。右願用迄如斯に御座候。敬具

十二月二十日　　　　　　実

守屋様　玉几下

봉투앞면 東京市外瀧の川町西ヶ原七四　守屋栄夫殿　봉투뒷면 斎藤文也持参　京城　斎藤実
원문서번호 10-335

30 | 연월불명

口代

腹部は薬用の効歟快感を覚候得共微熱不去候に付尚本日一日丈け加養致度大塚君初め各位へ宜しく御依頼被下度候。封中電報に対し同文答電御取計被害下度是亦願上候。

匆々頓首

二十五日　　　　　　実

守屋秘書官殿

봉투앞면 守屋秘書官殿 봉투뒷면 斎藤実
원문서번호 86-353-16

3. 山本忠美[28]

1 | 1921. 4. 30.

拝啓御送附のパンフレットは両三日前着仕候。早速配布する様手順可致候。前便一寸申上候在加州鮮人の漸次東部に移住し来る理由は加州排日の為め仝地在住の鮮人等も仝地に於ては種々の経営意の如くならざるより一時的に東部に移住し来りつつある次第に御座候も併し東部に於ては加州の如くjobを得る事困難なれば彼等の多くは窮し居る模様に候。一方鮮人を後援しつつある米人か他方にて彼等を困しめる結果を来しつつある事に相成たり居候。市俄古鮮人クラブの事は前便継続して御補助を願ひ置候へ共其後の様子を見て本月限り当分御中止願度候。其理由は李周渕氏かあまり熱心に運動し且つ少々効を急きたる結果と東部より過激する者共市俄古に入り込み来たる為め過日一事件突発仕り候。そは一週間程度約八九十名の鮮人相会し(市俄古)李周渕に対し質問を試み候へば彼は約四五十分間の演説を試み東洋の大勢より論じ日本の朝鮮同胞に対する誠意とも云ふべき事に就き述べたる処席上

28 야마모토 다다요시(1876-?) 일본조합교회 목사.

半数は李に賛成したるもの有之候ひしも中に少々過激なる者共ありて李に迫害を加へんと致候。今の次第に候へば当分補助は中止致置く方却つてよろしからんと存じ候。小生も早速様子を見にまゐり度と相考候へ共今少し静かに相成たる迄市俄古にまゐり見るつもりに候。李にはかねて決して公開の席上宣伝をやらぬ様可成個人的に彼等を指導する様申聞かせ置候へ共元来李周渕は演説が上手の方に候上前陳の通り少し効を急ぎ候為め今の結果を来したる次第に候。尤もクラブの方は補助金がなくなれば立ち行き不申候。夏中は石炭を多く要せざる為め何とかして維持する事が出来ても冬期に到らば到底維持が出来さる理に候。兎に角今後少し様子を見る方よろしからんと存候。李周渕の御補助は是非御継続被下願上候。仝君の将来に就ては後便にて御相談申上度と存じ候。仝君帰鮮の上は必ず相当の御役に相立つ事と存じ居候。李の働によりゝ市俄古には可なり多くの親日派とも云ふべき類のものこさひ申候。李は夏以後は当地に呼びよせ少しく仕事をさせるつもりに候。李の友人にして之迄市俄古に居たる一鮮人此度帰鮮する事に相成候。仝氏は相当の資産をも有し今後は朝鮮にして実業に従事する由。帰鮮の上は何れ貴台を御訪問する様致させ可申候間何卒よろしく御指導被下度願上候。其者の姓名は京城府苑南洞二八安鐘淳に候。其者の父親は安永基と申す者に候。前便申上候ブリンストンと市俄古の件は尚ほ相解り次第御報可申上候へ共不断仝人等へ書類を御送り被下る様に御願申上候。活動写真巡映旅行の件は御返事無之候へば多分何か御差支の事と遥察致候。本日かねて約束致し置たる補助者の方は相断り申候。実は適当なる補助者と相考へ候へば少々補助をも与へて今日迄待せ置候へ共長くなつては其者の就職上困るとの話今朝有之候上小生も度々補助する事も経済上許し不申候有様なりしかば此方は断りたる次第に候。右の次第なれば若しフィルムまゐる時は適当の補助者があればかねての計画を実行し補助者を得ざれば小生一人にて小規模に実行可仕候。兎角夏季は米国にては運動に好時節に候へば七月頃出かけて主なる都市を訪問加州迄まゐり全地方に於ける鮮人の状態をもとり調べ度と存じ居り候。九月には愚妻も渡米当地にて一小アツパートメントを借り受くる心算に候へばパンフレット配布等にも便利を得可申と存じ居候。之迄の如く小生一人にては殊に室がりの住にては万事に不都合を感じ居り候ひしも九月以後は今少しまとまりたる仕事を致し度と相考へ居候。パンフレット配布も宗教家のみならず各大学の重なる教授政治家等にも配布する様致度と相考へ居候。

敬具

四月三十日

紐育 山本忠美

守屋栄夫殿 侍曹

April 27th,1921,

添付1 Jack Lau領収書 100弗(Purpose help for Korean home in Chicago, 三)

添付2 C.Y.Lee領収書 30弗(Purpose for scholarship)

봉투앞면 Mr.H.Moriya Seoul, Chosen, Japan 朝鮮総督府秘書課守屋栄夫殿 봉투뒷면 T.Yamamoto 600 w,122st, New York City
원사료번호 6－58－5

2 | 1921. 5. 3.

拝啓 前便申上候市俄古鮮人クラブの件は其後非常に工合よくまゐり居り候処東部より移住し来れる過激思想を有する者多く相成候際李周渕か仝地日本人青年会と鮮人とを結びつけんと致し候のみならず仝地領事館へも親しく出入する事をすすめ候為め一部の者等より反対起り李周渕に危害を加へんとする企ありなどの噂さへ起るに至り申居候。閔元植の事件が彼等に刺激を與へたる際に候へば李には充分の注意を與へ置き申候。李は時機を見て当地に呼ひよせるつもりにて右の次第に候へばかねて御申越の通りクラブの補助は本月限り当分中止致す方却つてよろしかんと存居候。併し御かげにて仝地鮮人中には親日的傾向を有する者大分多く相成申居候。小生も仝地にまゐりて親しく事情を知り度と相考居り候へ共一両日後の方が却つてよろしからんと存じ七月頃にまゐる心算に候。在ワシントン鮮人政府外交部は公使館と改名玄楯か臨時公使となられ候由ワシントンにては鄭漢卿[29](Henry Chung)と玄楯[30]の間に衝突起り目下費府の徐載弼(Dr. Jaison)が仲裁の為めワシントンに出張中にて鄭は学者にして相当の見識ある人物なるに玄はあまり学問もなく熱狂的の人物なれば衝突起り候事と思はれ候。毎月御贈り申上居り候Korea Reviewは財政困難の為廃刊する事に相成り候処徐載弼か独力経営する様に相成申候。当分継続するならんも長くはつづかざる事と相考へられ候。在米到る処の鮮人団体何れ

29 정한경(1891-?) 대한민국임시정부 구미위원회 위원.

30 현순(1880-1968) 대한민국임시정부 구미위원회 위원.

も財政困難を感じ居る様にて右は断片的の事に候へ共御参考迄に御報申上候。八月には加州迄出張仝地の事情取調べ候度と存じ居り候。追々当方の事情も相解り来り申候へば宣伝に就ての愚見後更にて委細申上度と存候。敬具

五月三日　　　　　　紐育

山本忠美

守屋栄夫殿　侍曹

봉투앞면 Mr.H.Moriya Seoul, Chosen, Japan 朝鮮総督府秘書課守屋栄夫殿 봉투뒷면 T.Yamamoto 600 w,122st, New York City
원사료번호 6-58-2

3 | 1921. 6. 16.

拝啓 パンフレット原稿及フイルム未だ到着不仕候。着次第印刷並に配布を済せたる上旅行に出かけ度心算に候。小生の此度の旅行中にて試むる講演二三中の一つ丈本日タイプに附し候へば一応御覧被下度願上候。右は米国の雑誌にも投書を致す考に候。御多忙中恐入候へ共御批正被下候はば幸甚に候。○講演原稿別封にて御おくり可申上候。李周渕は市俄古大学の方済み次第即ち本月三十日頃当地に呼寄せるつもりに候。就は初め御申越の通り月々五拾弗給与致す事にとり計ひ置候間左様御承知被下度候。仝兄帰朝の事は白上氏と相談致置候へ共仝氏御帰朝の節御相談申上る事と存じ候。小生三週間前より風邪にて就褥中につ

き右要用迄。匆々敬具

六月十六日　　　　　　紐育　山本忠美

守屋栄夫殿　侍曹

봉투앞면 Mr.H.Moriya Seoul, Chosen, Japan 朝鮮総督府秘書課守屋栄夫殿 봉투뒷면 T.Yamamoto 600 w,122st, New York City
원사료번호 6-58-4

4 | 1921. 7. 11.

This problem of freedom of speech is a serious one, and it is certain that the future of Korea depends upon the way in which it is sold.

One of the most difficult and delicate questions relating to Korea and one which has been widely discussed and misunderstood is that pertaining to foreign missionaries and their relation to the Korean people and to the Government.

In order to understand this problem it is necessary to know something about the religion of the country. Centuries ago Buddhism was brought to Korea from China and became the national religion, but long ago it degenerated into a mass of superstitions and its influence as a spiritual force ceased to exist. About sixty years ago a kind of superstition, known as Tendo Kyo begun to spread among the common people. Densely ignorant as they were, they were easily influenced by the primitive and superstitious teaching of this cult which served only to make them even more susceptible to all kinds of impositions.

The time was ripe for an enlightened religion and the need was filled to some extent by Christianity which found favor among the more intelligent people. About sixty years ago the missionaries begun to arrive, and they found a splendid field for their labours. Naturally their love for the people and their interest in the welfare of the country were very great and they were eager to spread enlightenment as they understood it, throughout the land.

When Korea was annexed to the Japanese Empire the missionary's attitude became a factor to be reckoned with. At first the Government was given an unpleasant picture of the missionaries which was accentuated by the numbers conspiracies in which Christians took part and which culminated in the assassination of a native Christian of Prince Ito. The missionaries were represented as more or less fanatical devotees eager for converts, regardless of their qualities. The Government was assured by those who seemed to know that these zealous Christian teachers used every means in their power to secure followers, and that one of their favorite method was to assure the Korean mal-contents that their aspirations for independence would be assisted by the Government of the United States if only they would embrace the Christian religion.

It is plain that while there may have been missionaries unwise enough to give expression to such ideas, the Government undoubtedly was intentionally or unintentionally misinformed and that the military regime acted with undue haste and severity in its treatment of both Korean and foreign Christians.

The missionaries were in Korea long before the Japanese Government was established there, and that during their long period of service and sacrifice, they have learned not only to love the people, but in a large measure to understand their mode of thinking and their problems. For this reason it is the part of wisdom for the Government to cooperate with them and profit by their long experience and knowledge, rather than to antagonize them.

This necessity Baron Saito clearly saw and one of the first things that he did was to inaugurate a new policy toward the missionaries and to make every effort to secure their good will and assistance. I cannot too strongly condemn the autocratic attitude of the military regime, especially of the lower officials toward missionaries. Some of the reports of cruelty toward the Koreans sent to this country by missionaries were true, but in many cases they were stories told to the foreign teachers by Koreans, which when missionaries attempted to investigate could not be verified or denied because of the refusal of the police officials to give any information whatever. It was natural that this attitude of the police should be interpreted as an attempt to conceal the facts, and missionaries believing the reports to be true sent them to America. The new administration is making every effort to counteract the impression made by this unwise policy. One or two examples may serve to show that real progress is being made in establishing cooperation between the Government and the missionaries.

Dr. Scoffield[31], member of the faculty of the Severance College conducted by Dr. Ebinson[32], is well-known as a severe critic of the Japanese Government. One day, being informed of the harsh treatment of a Korean prisoner, he visited the headquarters of the police department to inquire about the case. Under the old regime the police would probably have dismissed the matter with a curt refusal to answer but their attitude under the present Government was different. Dr. Scoffield was taken immediately to a prison where the woman prisoner in question was found. It had been reported that her body bore the mark of torture but the missionary saw no evidence of this, neither had the woman been deprived of rice as he had been told.

Another story is too of Dr. Moffatt[33] of Pingang who went to the chief Police to protect against the condition continued cruel treatment of the natives which, according to stories told him by Koreans

---

31 Frank William Schofield(1889-1970) 세브란스의학전문학교 교수.

32 Oliver R. Avison(1860-1956) 세브란스 의학전문학교와 연희전문학교 교장.

33 Samuel Austin Moffet(1864-1939) 미국인 선교사, 한국 근대교육자.

was being practiced by the Government. To his astonishment, Dr. Moffatt was informed that certain Koreans have reported to the police department that he was aiding the independence movement by holding meetings in his house, protecting refugees, and sending large sums of money to Shanghai. The police assured him that they did not believe this story and, at the same time satisfied him that the reports which he had heard were groundless.

Thus, gradually better understanding and cooperation between the Government and the Christian workers are being established. At the recent complaint of Methodist marking the Centennial of Methodist foreign mission work, a greeting was read from the Chief of Police, in which he highly recommended the Christian movement and expressed the hope that the doctrine of true Christianity would be spread among the people. In addition he appealed to the local Governors to do all their power to assist in promoting cooperation between the Government and the missionaries.

It is unfortunate that some foreign pastors permitted a prayer for the independence of Korea to be added to their church service. They know as well as any one that the independence of Korea under present conditions is impossible and the indiscretion of publicly opposing the present Government could only give colour to the suspicion already entertained against the missionaries.

Fortunately, most of these pastors have seen the folly of this course, which was recommended to them by the Korean Congress in

Shanghai, in a communication exporting all Christians to resort to the un-Christian practice of cursing Japan in their prayer. At present there seems to be a much better feeling on both sides. And it is not too much to hope that, if the present liberal policy of the Government continues, the cases of friction will gradually disappear, giving place to the true spirit of equality and justice which should always prevail wherever Christianity is known.

The problems in Korea are many. Both the Government and the people have need, and will continue to have need of infinite patience and unbounded toleration, qualities which are hard to cultivate even under the most favorable condition, but if constant strife and bloodshed are not to be the heritage of Korea, the Japanese Government must endeavor to look at this much tried country with the eyes of Koreans, making every possible effort to understand and cope wit its problems, with the ultimate purpose of developing all that is best in this land of ancient and often noble traditions. The Koreans on their side would do all to study carefully their former woeful plight and compare it with the efforts, mistaken though they may often be, of the Government to assist them to enlightenment and prosperity. Anyone who honestly faces conditions in Korea, knows that at present she cannot exist as an independent nation and that some kind of help is absolutely necessary. Would it not be the part of wisdom for responsible Korean leaders to assist the present.

Government to make that help as efficacious as possible? It is a condition devoutly to be wished for but it will take long years of mistake and understanding before it can be attained. Much real assistance can be given both to the Government and to the Korean people if you in foreign countries, especially in America will try to understand conditions as they are, appreciating the difficulties of both sides and lending your aid wherever possible, to bring about peace rather than strife; for, after all, the peace of the future depends upon the peace of the Far East.

Within the past few years questions pertaining to the Far East have assumed great importance in the world`s affairs, and are commanding more and more of the attention of thoughtful students of international relations. The Far East which for centuries has been isolated politically and socially from the rest of the world has suddenly taken its place.

As a most important section of the Globe, because of this sudden transition from obscurity to promise, there are innumerable questions concerning political and social conditions which are puzzling, not to say incomprehensible to the average European or American observer.

Among these difficult problems, the relation of Japan to Korea is one of the most widely misunderstood. Before attempting to explain anything about the internal condition of Korea, I must be sure that you clearly understand the geographical position of this much discussed country, and that you have a clear conception of its international importance. Korea, is a peninsula situated on the eastern coast of Asia, bounded on the east by the Japan Sea, which separates it from Japan, on the south by the Yellow Sea, on the West by China proper, on the north by Manchuria. Situated as it is between Japan and China, Korea has for centuries, passed from one to the other of these countries, enjoying short period of independence, but for the most part existing as a tributary to Japan or China and furnishing an ever present cause of friction between her two neighbors. Finally in 1894 Japan and China went to war principally because of their inability to agree about Korea. At the close of this war, Russia obtained a foothold in Manchuria and because of what were believed to be her designs on Korea, the Russo-Japanese war was fought during which Japan expressed her desire to maintain the independence of Korea. It is probable that she was sincere in these expressions, for a strong, independent Korea would certainly have been an advantage to Japan. But Korea was not strong and there was every reason to believe that her independence would be short lived. Japan desired an independent Korea but she was most strongly opposed to a Korea controlled by any other country, for she sincerely believed that much control would be a permanent menace to her existence. Consequently, when it came evident that the government of Korea was not strong enough to stand alone, Japan did what seemed to her the only safe thing to do, she annexed Korea. It is not for me to say whether this was better or worse than the countless other annexations that have taken place during the world`s history, but after having been obligated to fight two costly wars because of other nations` interest in Korea, Japan felt justified in her course.

It is now about eleven years since the formal annexations of Korea by Japan. The administration of this country has been attended by many and great problems, some of which Japan has endeavored to solve, while others have so far proved so baffling that she has made no headway whatsoever. In order to make you understand something about present condition in Korea, I ought to explain something about social and political system before the annexation by Japan, but time does not allow me even to touch upon this most interesting subject. It is sufficient to say that society could be roughly divided into four classes, officials, scholars, common people and priests. The officials squeezed every cent that could be extorted from the common people, reducing them to a state of misery that can be understood only by those who have been to Korea, while the priests found it to their interest to keep them in a state of abject ignorance and superstition. This was the Korea that Japan found in 1910. Certainly she had made mistakes, serious mistakes, in its administration, but after all, eleven years is not a long time for a country just emerging from feudalism herself, to set up all the agencies of modern government in one where little or nothing was known of the ways of present-day society. Since the present Governor-General took charge of Korean affairs, there have been marked changes in administrative methods. I will try to tell you about some of them.

The first Governor-General was Prince Ito whose untimely death gave a serious check to the policy of liberal administration which he so strongly advocated. He was followed by military governors who earnestly believed that severity was the best means of making Korean understand the good intentions of Japan towards them. Naturally, this method, secured a certain kind of obedience and order, but so far from engendering the love and devotion which the military leaders hoped to inspire, it fostered all kinds of discontent, which came to a head in the uprising of March, 1918.

The Japanese Government saw its mistake and set about remedying it by removing the military governor and placing the power of the Governor-General in the hands of a civil Administrator, Baron Saito, a man of broad sympathies, wide experience, and the vision to realize that if Japan is to govern Korea successfully he can do so only with the willing cooperation of the Korean themselves. It is now nearly one year and half since Baron Saito assumed control and it may be interesting for you to hear some of the ways which he has been trying to introduce more liberal forms of administration. What he has accomplished and is attempting, may seem to you, far from liberal; but you must bear in mind that, much as you desire that the Korean be highly civilized, self-governing people, they are in fact a nation who, for four hundred years have been subject to bitter oppression and whose education has consisted of instruction in superstition given them by the still more ignorant priests.

There have been and still are great Korean scholars and men of culture but the great masses of the people have lived in a state of densest ignorance guided only by the most primitive rules of society.

Education was based upon the teaching of Confucius whose writings were expounded by scholars to the children of the upper classes. In five schools in Seoul and others scattered throughout the country, their course of instruction was limited to the study of the Chinese classics and their pupils comprised only a very small part of the population. These schools, together with mission school, conducted for the most part by Americans, offered the only opportunity for education in Korea. The schools subsequently established by Japanese undoubtedly have many faults but before criticizing the Japanese education system too harshly we must remember that it is not so very old and that before it was brought to Korea, such a thing as a modern school system was virtually unknown. Once again let me emphasize that if you are truly desirous of knowing and understanding conditions in Korea, it is absolutely impossible to for you to use Western standards of living and thought, upon which to base your judgment. You cannot expect the education of Korea to resemble the education in America, where the public school is a familiar as the home. Neither can it be compared to that in Japan, which imperfect though it is, has at least been in existence for more than half century. In Korea the government has had to begin from the beginning and to provide schools according to the needs of the people and their ability to support them.

Primary schools were first established, to which children were obliged to go, then came five middle schools for boys, opened in five important centers and two girls high Schools. These were followed by medical college, Law College, agricultural college and technical college. These are far from meeting the need of the Koreans but they are at least a beginning and there is every reason to be certain that the number of schools and the quality of instruction will grow as facilities and money increase.

We now come to the much talked of questions of the penal system Korea, freedom of speech and attitude toward missionaries.

Much has been said about the practice of flogging of Koreans offenders. There is, of course, no defense for this method of punishment and the Japanese government cannot be too severely criticized for permitting such an anachronism in penal practice. It must be remembered, however, that for centuries flogging has been regarded as the most efficacious means of dealing with offenders in Korea. And it was because the Koreans themselves looked upon flogging as the logical consequence of misdemeanor that it was retained by the Japanese Government. It was unquestionably a mistake of policy and gave rise to too much deserved criticism, but the official abolition of flogging by present Governor-General, Baron Saito in March 1920 is the clearest indication that the government recognizes its errors. In this connection I may add that I learned with some interest and no little surprise that in the state of delivers, the whipping post is still used.

During the ten years following the annexation of Korea by Japan freedom of speech and native press were unknown. The military rulers, eager to secure unquestioned allegiance rigidly suppressed every attempt of the Koreans to develop or to express anything like public opinion. It was little wonder that under such unnatural restrictions the people of Korea became discontented and finally rebellious.

Baron Saito appreciating the necessity for an expression of opinion took steps to remedy this deplorable condition. He first announced that he desired the establishment of a native press; after much deliberation three papers were established in Seoul: one to express the moderate independent idea, one to be an organ of industry and the other so set forth the opinions of the radical independents. This last was regarded even by some missionaries as a dangerous experiment but the Governor-General believed that an independent newspaper conducted by well trained, earnest leaders would be of inestimable value in offsetting the pernicious influence of irresponsible agitators.

So far, the Governor- General has been justified in his belief that the radical newspaper is an absolute necessity. The men who conduct it are all enthusiastic advocates of independence, but because they are thoughtful and cultivated, their opinions, while strong and uncompromising are sane and calculated to lead rather than agitate. Because they have the sanction of the Government, these men naturally feel responsible and do their utmost to conduct their campaign for independence in such a way as to put it upon a dignified and solid basis.

These three sole newspapers seem to be sufficient for the present needs of the people. The inhabitants of the rural district are, for the most part, unable to read, and those who can, have little interest in matters not directly pertaining to their own everyday life. As the interest in the affairs of the country and of the world increases, more newspapers will be published.

The matter of the political meetings is still a very difficult one to handle. Of course, the idea is freedom of speech but this must come gradually after the people have become sufficiently trained to resist being swayed by every irresponsible agitator. At present political meetings are not encouraged but Baron Saito is most anxious that they shall soon be found possible, for he knows that contentment is impossible where people are not free to express their opinions.

봉투앞면 Mr.H.Moriya seoul, chosen, japan 朝鮮総督府秘書課守屋栄夫殿 봉투뒷면 Yamamoto 600 w,122st, New York City
원사료번호 6-58-1

5 | 1921. 7. 13.

拝啓仕候。エール大学教授ラツド博士(Dr. George Wambull Ladd)には御承知の通りかつて伊藤公の顧問として朝鮮に在りたる関係上日鮮の関係に関する得かたき研究資料となる可きものを多く有し居らるる由友人より伝聞仕り候。斯るものは総督府にて譲り受けて御資料となされては如何に候や。総督閣下より御依頼に相成り候はば博士もよろこんで譲渡さるる事と存じ候。右御報申上置候。敬具

七月十二日　　　　　　山本忠美

守屋栄夫殿　侍曹

市俄古鮮人倶楽部並李周渕補助金計算報告

一、金五百弗也

大正十年十二月仝十一年一、二、三、四月分

補助金

一、金貳百貳拾弗也

大正十一年壱月参月四月参拾弗づヽ

仝五月六月四拾弗づヽ七月五十弗

合計金七百貳拾弗也

一、金七百拾八弗貳拾仙也

大正十一年貳月七日受取

差引貳弗拾八仙不足

李周渕には外に市俄古より当地迄の旅費補助として小生より参拾弗與へ申居候。

大正十一年七月十三日　　　　　　山本忠美

守屋栄夫殿

봉투앞면 Mr.H.Moriya Seoul, Chosen, Japan 朝鮮総督府秘書課守屋栄夫殿 봉투뒷면 Yamamoto 600 w,122st, New York City
원사료번호 6-58-3

6 | 1921. 12. 22.

Pamplet on the Problem of the Far East 添付

봉투앞면 Mr.H.Moriya Seoul, Chosen, Japan 朝鮮総督府秘書課守屋栄夫殿 봉투뒷면 T.Yamamoto 600 w,122st, New York City
원사료번호 9-2-29

7 | 1922. 1. 15.

拝啓仕候。鮮人等の噂に依ると此度在加州の鮮人中より殺人団なるもの組織され三名の団員は加州に市加古、紐育に各一名づヽ在りて親日派の鮮人若くは独立運動を妨害する者は何人にても殺害せんと企て居る由に御座候。之等の団員は主に平安道出身者等との事に候。華府会議に対する運動効を奏せざりし為め少々ヤケ気味にて斯る団体も出て来りし事と察せられ申候。在加州の尹炳九なる者は「時事研究会」なるものを起し盛んに仮政府の政策を攻撃致し居る由に候。又支那天津(上海？兎に角伝聞のままを記しおき候）に於ては朴容萬、玄楯、李東暉等は露西亜共産党と連絡をとり不穏文書を配布致し居る由。併し李東暉は労農政府の秘密金を携へて逃亡したる為め労農政府より死刑の宣告を受け目下厳重に捜索され居る由に候。此外近頃布哇には金永琦なるものがまゐりて頻に人心を煽動致し居る由。右在米鮮人の噂のまゝを御報申上候。半井氏[34]は来る廿五日当地出発英国に向はるる予定に候。敬具

一月十五日　　　　　紐育　山本忠美

守屋栄夫殿　侍曹

봉투앞면 Mr.H.Moriya Keijo, Chosen, Japan 朝鮮総督府秘書課守屋栄夫殿 봉투뒷면 Yamamoto 600 w,122st, New York City
원사료번호 9-20-11

8 | 1922. 1. 30.

拝啓　先日千葉氏並に山上氏[35]より御送り申上候鮮人各団体代表者の連署のある Petition presented to the Conference on limitation of Arrangement and the Far East by the People of Koreaは在米鮮人等の話に依れば多分上海にて作製されたるものにして署名捺印の多くは偽物なりとの事に候。右は伝聞のまゝ御報申上候。敬具

34 나카라이 기요시(半井清, 1888-1982) 조선총독부 학무국 종교과장, 학무과장.
35 야마가미 도루(山上徹) 일본대학 교수.

一月三十日　　　　　　紐育　山本忠美

守屋栄夫殿　侍曹

봉투앞면 Mr.H.Moriya Keijo, Chosen, Japan 朝鮮総督府倭城台官舎　守屋栄夫殿　봉투뒷면 T.Yamamoto 600 w,122st, New York City
원사료번호 9-20-9

9 | 1922. 1. 30.

拝啓 極寒の候に候処益々御健勝邦家の為御活動の御事と存じ奉慶賀候。陳者当米国に於ける朝鮮問題も華府会議に対する鮮人の運動は全然失敗に帰したるのみならず四国協約によりて彼等も当分妄動の機会なからんと存じ候。加ふるに当地在留の鮮人学生等の話に依れば総督府の文化政治の結果在鮮宣教師等の対総督府感情漸次変化しつゝあるは彼等の唯一の望をも失ひつゝあるものなりと考へ甚だ閉口致し居る由に候。又二三鮮人の話に依れば各伝道会社の幹部の人々とか重なる宗教家に面会して見るに何れも朝鮮に対する態度が往年の夫とは全く異り居る様に感ぜらるゝは独立運動の唯一の援助を失ひたるものと申居られ候。在鮮宣教師の考への変りたる又米国宗教界の人々の対朝鮮観の変化は全く総督府の宣教師御取扱宜しきを得たるものと相喜び居り候。小生の微力を致したる結果にも多少は因る事と相考へ今後も益々此方面には力を致し度と存し居り候。先般印刷に附したる総監の御演説は米国の議員全体、リーグ·オブ、フレンヅ·オブ、コレアなる廿五の団体全米キリスト教雑誌の主筆、共励会等に配布仕り候か、尚近々ニユーアドミニストレーションを印刷に附し右の団体並に個人に配布するつもりに御座候。今後は朝鮮問題は政治問題としては余り新聞雑誌等に論議せられさる可きも事情によく通ぜさる方面にて唯宗教界の問題としてキリスト教を圧迫するとか人道上の問題だとか種々の事を揑造して雑誌等の問題とするならんと考へられ候。就ては小生の仕事として左の事を訴度と考へ居り候。之は兼ねてより相考居り候てしも費用の問題も伴ひ申候へば御遠慮申上居りたる次第なるも各方面の事情より察し且つ小生聊か米国の事情にも通じ来り候へば此仕事を継続し朝鮮に於ける厄介物たるキリスト教方面より来る煩ひを除き度と相考へこゝに御相談申上候次第に御座候。

一、全米新聞の朝鮮に関する切抜通信を求めて一覧の上御おくり申上る事。英米の雑誌に現はるる朝鮮に関する論評を図書館にて取調べタイピストを使用して写し取り御おくり申上る事。之は余程費用を費する事と相考へ候へば場合によりては小生の求め得る丈の雑誌を　御おくりするに止る事

三、小生か少なくとも四室位(即ち三室使用の出来るもの)の独立したるアツパートメントを借り受け宗教家、学者及鮮人等と自由に談話交際の出来る様にして頂き度事。幸に小生在鮮九年間の経歴有之候へば一部の米人間に朝鮮通として知られ各方面より講演にたのまるゝ位に相成候へば適当なる住家さへ有之候へば随分各方面の人々と交際する事を得可申と存し候。

四、パンフレット配布、活動によりて朝鮮を紹介する事は従来の通りに致し度候。

昨年小生少しく勉学致度旨御願申上候ひしも昨年一月より四月迄少し

く勉学したる外活動写真旅行その他の事に忙殺され少しも勉学出来ざりしも今後も小生はやはり一個の見学者の名目にて滞留致し度候へば右に御願申上候。その理由は半井氏には此点充分御察被下候様に候へば何れ仝氏御帰朝の上御話有之事と存し候へ共米国にてはプロパガンヂストとして名を知られ候へば少しも仕事出来不申候。小生も何時か帰鮮の上は余生を邦家の為に献げて聊か尽す所あらんと決心罷在候へばその場合少しも役立たざる様の事ありては相済み不申候へば閑を見ては少しく勉学致し度と存候。その点御了解を得置度候。右申上候通りの事情に候へば今後小生の滞米を御許被下る様に御願申上候。小生の仕事の状況に就ては半井氏御帰朝の上委細御話被下る事と存し居候。敬具

一月三十日　　　　　　紐育　山本忠美

守屋栄夫殿　侍曹

봉투앞면 Mr.H.Moriya Keijo, Chosen, Japan 朝鮮総督府秘書課守屋栄夫殿 봉투뒷면 T.Yamamoto 600 w,122st, New York City
원사료번호 9-20-12

10 | 1922. 2. 1.

拝啓 前便申上落し候件左に申上候。米国宗教家等の朝鮮に対する態度漸次変化しつゝある原因の一つとして小生のプロパガンダに因るものとして一部の鮮人共は小生に対しさかんに悪評を試み居るものも

有之由にて小生の親しき者一二より先日身辺の警戒をする様などと手紙まゐり候事有之候。併し如何に馬鹿者にても小生には危害など加へざる可しと小生は少しも心配は致居らず候。昨年夏小生が活動を携へて各地を巡遊したる事が朝鮮の実状を米人に知らせるも好き方法なりと彼等か余程恐れたるらしく候。在鮮宣教師の考の変りたる事は先頃(一月初め)ビツショプ、ウエルチか在紐育鮮人に面会致したる時にも総督府か文化的施に努め居る事を話され候由又敬信学校長クーンス[36]が二週間程度前鮮人等を会したる時も種々朝鮮事情に就き話有之殊に教育の点に就ては総督府は大に力を注き三面に一校を設立する方針なりと述べ候由尚クーンスは今後十年や十五年の間に朝鮮の独立は到底望みがたければ今は徒らにさわぐ可き時にあらず一生懸命勉強せよと申され候由伝聞仕り候。斯る有様なれば彼等も宣教師は今後漸々たのむに足らざる様になる可しと語り合ひ居り候。今の有様なれば今少しいろいろの方面より朝鮮の事情宣伝に努めたらんには此方面の心配は全く失なくなるのみならず進んで宣教師等は朝鮮統治の有力なる味方となるやも不知候。右は今日の総督府の御方針にて進めば必ず斯く相成る事を確く信じ申候。小生は十有余年前初めて朝鮮に赴きたる時より常に宣教師の問題に最も注意を注ぎ居り且つ此事を国家の為に心配致し居りたる一人に候へば今日此問題が工合よく進行しつゝあるあり様を知り実に相よろこび居り候。之れ総督総監初め貴台方の宣教師に対する御方針のよろしきを得るに因る事と感謝罷在

36 에드윈 쿤스(Edwin W. Koons) 미국북장로교 선교사.

候。尚此点に就ては不及乍ら小生も聊か使命を感じ居り候へば今日の形勢に励されて愈々邦家の為め努力致す覚悟に御座候。幸に今後の滞米を御許被下候はば十二分の力を此方面に致度と存し候。在米鮮人の状態に就ては千葉半井両氏に時々御報申上おき候へば仝氏方より御報告有之たる事と存じ候へ共最近紐育に於ける彼等の行動を申上れば一月初より在紐育鮮人教会を組織し毎日曜日午後三時半より集会相開き居り候。場所は紐育市レキシントンアベニューメソヂスト教会牧師は林鍾能此者はかつて東京の鮮人教会の牧師たりし事ある人物に候此団体より米国伝道会社(長老メソヂスト両会社)へ年額貳千弗の補助金を要求致し居り候。多分之は出来るならんと存し候。最早李肯鍾[37]も御地着の事と存し候。何分よろしく御願申上候。仝氏補助金は御預りの金額は昨年六月迄にて拾七弗の不足其後七月より本年一月迄毎月五拾弗づゝ支給致し候もの金参

百佛 2,000 五十円支給の残

1,000 増額し帰鮮を条件にて

700 計三百拾七弗

三〇弗 也

右御手数乍ら御送附願上候。昨年李の市俄古引上げは至急に決行せねばならぬ事情ありし為め小生その外金参拾弗を旅費補助として与へて相当によび出す次第に候。尚催促かましくて甚だ失礼に候へ共小生の頂く筈の金貳千円も御手数甚恐入候へ共御送附被下度御願申上候。斯

37 이긍종(1897-1961) 1918년부터 1920년까지 메이지대학에서 법률을 공부. 1925년 콜롬비아 대학에서 경제학 석사 취득.

る事を御願ひ致甚相済み不申候へ共金千円御増加御恵送被下る事相かない不申候や。実は小生昨年夏迄は朝鮮伝道部(組合教会の)より小生留守宅へ毎月幾分の補助ある事に約束致し置候処仝伝道部財政困難の為め補助は余程困難の様子に候ひしかば昨年春迄にて補助を受けざる事に相成候。就ては留守宅を当方より補助する事は不可能に候へば家内を当方に呼ひよせる事に致し候次第に候。当地にては小生一人居るも夫婦生活を為すも経済上には左程の差無之様に候へば家内呼よせを決行仕り候。御かげにて家内の当方にまゐりてより仕事の上には好都合を感じ居り申候。小生自らの生活には極めて質素にせんことを注意致し居候へ共交際その他に随分費用を要し小生出発の際多少用意したる金も家内の渡米の際少しの金もスツカリ費ひ果し目下少し閉口致し居候へば甚勝手なる申分乍ら右の御願申上る次第に御座候。活動写真に関する費用の計算は半井氏の方へ申上おき候。出版費として御あづかりの金額は本月中にパンフレット壱万部を印刷し、議員、全米の大学校長、リーグ、オブ、フレンド、オブ、コレア、基督教界の重なる牧師雑誌記者等に配布するつもりに致し居候。先は右御報告旁々御願迄。

二月一日　　　　　　敬具　紐育

山本忠美

守屋栄夫殿　侍曹

봉투앞면 Mr.H.Moriya Keijo, Chosen, Japan 朝鮮京城府倭城台官舍守屋栄夫殿　親展　봉투뒷면 T.Yamamoto 600 w,122st, New York City

원사료번호 9-20-13

11 | 1922. 4. 3.

拝復 三月十一日附の御芳書拝誦仕候。御送金正に拝受仕候。御礼申上候。李周渕の事に就ては種々御配慮被下厚く御礼申上候。彼は若しすてゝ置いたら今頃は有力なる独立運動さへする所謂不逞鮮人となり居る所を御補助被下候て助かり候事彼の為に幸に候。彼自身も其事を気付居り候て非常に感謝いたし居り候。小生の身上に就ては旅費迄御恵送被下御厚意深く御礼申上候。御申越の朝鮮にて新に宗教運動を起す様との儀は前便申上候様の事情は有之候へ共尚着手する様との御意見なれば喜んで微力を致す所存に候。唯毎度申上候通り朝鮮に対しては日本に於ける各派とも外国伝道会社との関係上伝道の手を延す不能なる事情有之、独り組合教会のみが何等斯る関係なき教会なりしかば伝道を開始したる次第なるが今日の如きあり様と相成候ては仝教会と関係して此度は小生が事業を開始する不能否幸に連絡をとりてやる事の出来る状態にありても小生は過去の経験より考へても仝教派と関係しては到底仕事は出来ざる可しと存上候。更に朝鮮会衆教会との関係なるが之は独立したりとは云へ渡瀬氏[38]と深き関係ある人々のみ残り居る事なれば仝教会と関係してはいろいろ面倒の事ある可く且つ従来の関係上宣教師等の教会との間面白からさる可しと存し候へば仝教会とは出来るにしても関係なく全く新に事業を開始せねば到底発達の見込なしと小生は相考へ居り候。之又前便に申上候事に候が朝鮮にて

---

38 와타세 쓰네요시(渡瀬常吉, 1867-1944) 일본조합기독교회 목사.

は普通の教会のやり方即ち従来やり来りたる様なる月並式のものにては教会の発達は到底むづかしからんと小生は在鮮当時より考へ居りたる処に候(内地にても仝様に候が)されば此度御後援を得て伝道を開始するとすればInstitutional church を設立致し度ものと相考へ居り候。普通の月並式の教会なれば成効の望なければ進んでやるの勇気に乏しく候。十有余年の歳月と多くの資金を費したる組合教会の伝道の結果が今日の如くなりしを見ては又々仝様の事をくりかえすに忍びず候。過日在京城の某友人より書面有之会衆教会は遂に自滅するならんと申来り候。之は小生も仝様に考へ居候。右の次第なれば甚勝手の事のみ御願致し相済み不申候へ共前記インスチチューショナルチャーチの事を少しく研究致し度仝時に右教会は社会事業をやるものに候へば社会事業を少しく調査研究致して帰り度候間本年中滞米を御許被下度伏して御願申上候。殊に朝鮮に再ひ帰へるとすれば愚妻も忘れ居る英語をも練習致させ在鮮宣教師連と交際の出来る様致させ度且つ社会事業をも視察致させ度と存じ居候。小生も実は此度帰朝の上はライフウオークとして全力を尽して聊か国家社会に御奉公仕り度決心に候へば折角仕事を始むるには少しく準備を致度と存上じ居候。二年近くも滞米せる事にて既に研究して置くのものと御考なさるならんも実は旅行中など何時も仕事に遂はれ少しも視察見物には時を不費事出来ざりし様の次第にてかねてインスチイチユーショナルチャーチの事相考へ乍ら未た調査致たらず候始末に候。先般の御手紙に接してより急に案を立てゝ一週一度づゝセツツルメント、少年監獄、貧民窟、病院等の類似の場所の訪問を始め居り候。幸に本年中滞米を御許被下候はゞ社会事業の学校並に有名なるラツサルセーチにも出入して研究の便を■度ものと考へ居り候。勿論之間朝鮮紹介の仕事には務むる考に候。昨日もコロンビヤ大学経済史の教授シンコウイツチ博士夫人の経営せるグリンウイツチ·ハウス(当市に於ける模範的セツトルメント)に仝夫人を訪ひ朝鮮の事情を語り仝セツトルメントに於て朝鮮の活動を紹介致度と申込候処近日中にやる事に相成申候。帰朝の節活動の機械は持ちかへり可申候へ共使ひ古しののフイルムを費用をかけてもちかへる事は如何やと存じ候間教会の幹部、セツトルメント、又は特種の教会へ寄附致し置かば之には小生が英文の説明を附し置候へば何人にも相解る次第なれば自然朝鮮の紹介に相成候やと考へ候が如何に候、御伺申上候。重ねて御願まで致し如何にも我儘の様に候へ共将来の事業より考へて少しにても御役に立つ様に考へ候間右御願申上候。 敬具

四月三日夕 山本忠美

守屋栄夫殿

侍曹

봉투앞면 Mr.H.MoriyaKeijo,Chosen,Japan 朝鮮京城府倭城台官舍守屋栄夫殿 봉투뒷면 T.Yamamoto 600 w,122st, New York City
원사료번호 6-58-6

12 | 1922. 4. 5.

拝啓 加州の新聞紙の報ずる所に依れば李東輝、李承晩等目下東京に在

りて参政権獲得運動中なりとの事に候が事実に候や。如何にも信ず可からざる様の報道に有之候へば御伺申上候。李承晩は三四週間前華府を去りて加州に向ひたる事は聞及ひ居り候。前便申上候通り米国新聞の切ヌキは総督府には既にまゐり居候事と存じ居候処千葉氏の話にてはまゐり居らざるとの事に候へば紐育に於ける切ヌキ通信社中最も信用あるものを取調べ候処相解り申候へば今週より右切ヌキ通信毎週御おくり可申上候。過般来度々御願申上候小生滞米の件は朝鮮に於ける新運動を起す事目下時機よろしと相考へ候へば小生よりも御願して直に帰朝着手仕度候へ共前便申上候通り目下の処は日本人の宗教運動は一両年間此まゝ致し置く方万事に好都合の様にも相考へ候と尚米国に於ける仕事は鮮人の状勢を知る上と有望なる青年に可成帰鮮をすゝめる事の運動及米人に対する事業有之候へば尚滞米を御許被下候ば実に感謝の至りに候。然し如何にしても早く帰鮮する様との御考に候はゞ帰鮮致度と存じ居候が、その節は米国のインスチーチユーショナルチャーチの事を少し研究調査して帰り度(帰鮮後の事業の参考に)候間来年間にても滞米御許被下度候。之迄各地旅行中は何時も講演と活動写真の為にまゐり候事とてその為め多忙何等視察を致し居らず候有様なればひまを見て是非前■の事研究致しおき度と存じ候。既に御送金被下候事と存じ候へ共非常に心配致し居候間何分よろしく御願申上候。米国に於ける朝鮮問題の状勢に考へて小生小冊子を夏迄に書き上げて小生の名前にて配布する考に候。之は某米人のすゝめによるものにて有効と存じ候間御賛成被下度候。ギューリツク博士の東洋行は未定の由に御座候。モツト氏には既に朝鮮にも行かれたる事と存候。敬具

四月五日　　　　　　紐育　山本忠美

守屋栄夫殿　侍曹

봉투앞면 Mr.H.Moriya Keijo, Chosen, Japan 朝鮮京城府倭城台官舎 守屋栄夫殿 봉투뒷면 T.Yamamoto 600 w,122st, New York City U.S.A
원사료번호 6-58-7

13 | 1923. 4. 1.

拝啓　一月六日附け芳書並に御送金確に拝受仕り候厚く御礼申上候。御無事御渡英御視察中の御事と存じ上候。降而小生無事消光罷在候乍他事御安意被下度候。少し都合有之二月限りアツパートメントはギブアツプ致し目下は家内と別居いたし居候。来月よりは新英州の田舎の都会に本城を置き仝地方を廻はり度目下計画中に御座候。九月下旬即ち貴台御来米迄仝地方に滞在する予定に候へば家内はバルチモーアーの知人なる米人の家屋にあづける事に之又交渉中に候。先般来家内へも朝鮮に関する演説を二三依頼いたし来り候へば試みにまゐらせ申候処一度の如きは三百人計の婦人の集会なりしが婦人を重んずる米国の事なれば非常にアツプレシエートされ申候。家内はルーテル教会の方面に知人少し有之候へばバルチモーアーにまゐりても出来る丈朝鮮の現状を紹介する様致させ度と存し居り候。当地鮮人の近状を知り度両三日前より此地にまゐり居り候。明日は帰紐のつもりに候。彼等も財政上余程困り居るものと見えコレアレビヨーも遂に休刊仕り候有様に候。小生帰朝後の仕事に就てはかねて御申越の通り御後援の下に朝鮮に於て新に宗教運動を起すを得る様に相成候や御伺申上候。小生も此度朝鮮に事業を起すとすればライフウォークとして之に一身を献げる覚悟に御座候へばかねて申上候通り既成の宗派に関係して仕事を始めては到底思ふ様に運動出来不申候へば初は既成の教派とは何等関係なく着手仕り度と存じ候。万事拝芝の上其方法等に就ては御高見御伺申上度と御来紐を楽しみ居り候。新英州に向け出発前き物その他の荷物は荷造りいたし置き九月末即ち貴台御渡米迄には発送致し置き度と存じ居り候が、朝鮮東京いづれへ向け発送致したるものにや帰朝後直ちに朝鮮事業開始の準備にてもとりかゝる事出来る様なれば荷物は京城に向け発送仕り度と存じ居り候。貴台米国各地御視察の御案内を致す様の事に相成候へば家内は十一月迄バ市にとどめ置き度と存じ居り候へばその辺の事御序の節御もらし置き被下度願上候。紐育は例年今頃は好時節に相成候に本年は未だ非常なる寒さに御座候。

四月一日　　　　　　　敬具

米国フイラデルフイアにて　忠美

守屋栄夫殿

　侍史

小生新英州出発後もメールアドレスは十従前の通り表記にいたし置候間右様御承知願上候。

봉투앞면 Mr.H.Moriya, %Mr.T.Hattori,Rep. of the Bank of Chosen 34 Old Broad St. . Palmerston House, London,England →転送 Barton Lodge, 3 college Road, Upper Norwood,S.E.朝鮮銀行倫敦出張所気付　朝鮮総督府参事官　守屋栄夫殿　親展　봉투뒷면 T.Yamamoto 600 w,122st, New York City
원사료번호 80-2-1-4

14 | 1923. 6. 8.

拝復 ロンドンよりの御芳書拝見仕り候。各地御旅行御多忙の事と存上候。小生は新英州を少しく廻はり度活動フイルムを携へて目下マサチュセッツ州ホクストンと申す所に滞在中に候。来る日曜日夜当地メソチスト教会にて朝鮮に関する演説を試むる事に相成居候。新英州には約四か月間即ち貴台の御来米迄滞在する考へに候。貴台御渡米前九月末迄には 紐育にかへりて波止場にて御迎へ致し度候間御船並御着の時日御決定之次第御一報を煩はし度候。御渡米の上は他の旅客が費す時と金とを以て確に二三倍の御視察の出来る様小生御案内可申上候。従来多くの渡米者の視察の方法は到る所にて日本人学生の本を御■■目的の案内者をやとふて皮相の所を見て廻はるのか普通に候。幸小生米国内は少し歩きたる■験も有之候へば御着紐の上御相談しプランを立てゝ充分御案内可申上候と存じ候。

六月八日　　　　　　敬具

新英州にて　山本忠美

守屋栄夫殿　侍史　小生のメールアドレスは■■■宛に

봉투앞면 Mr.H.Moriya, %Mr.T.Hattori,Rep. of the Bank of Chosen 34 Old Broad St. . Palmerston House, London, England →転送 bei/Intl Reise Wilmesdorf Spessart Strasse5 gh. Ⅲ Deoutschland, Berlin 봉투뒷면 T.Yamamoto 600 w,122st, New York City
원사료번호 80-2-2-28

15 | 1923. 6. 22.

Rev.T.Yamamoto will speak at the evening service at the Methodist Church. He was born in Japan, the son of a priest of the Shinto religion. He became a Christian thro the influence of American Missionaries, and was educated at the Doshisha university and the Tokio theological Seminary. He was sented by the Japanese Congregational Churhes as one of the first missionaries to korea, working there for nine years. He was been in this country for three years. From him we shall have an opportunity to learn at first hand facts concerning matters which every intelligent man desires to be instructed in.

拝啓 目下独乙御巡遊中の御事と拝察仕り候。暑気酷烈に候が御地は如何なりや御自愛祈上候。小生は目下マサチュセツシ州ホクストンと申す所に宿所を置き過日来此地方を少しく廻はり居ると演説を試み居候。此地方の教会は保守的なれば活動写真をやり居る町少なく為に演説のみいたし居候。去る日曜日夜当地のメヂヂスト教会にて演説(朝鮮問題)を試みたる際当地の新聞か載せたる記事を御参考迄に■文に入れ申候。去る月曜日にノースフイールド(マサチュセツツ州)へまゐり候処仝地はムーデー(有名なる巡廻伝道者でありました)のバースプレース且つ終焉の地にして仝地には又仝氏設立の学校もあつて年々夏季には各地より宗教家が集り来つてコンフエレンスを開き居り候が本年も随分別々の集会が来週より開かるゝ由なれば小生明日限り当地を引上げボストンにまゐりコングレゲーションの幹部より紹介状を得て本月末迄にノースフイールドの方へ移るつもりに候。仝地には貴台の御渡米前迄滞在コンフエレンス終了後は仝地を中心として新英州の各地にまゐるつもりに候間御渡米の日時御決定次第御手数甚た恐入候へ共紐育宛と左記宛と二通御認めの上御通知願申上候。何れ又後便にて可申上候。二月二十日夕　　　　　敬具

マサチュセツツ州ボクストン

山本忠義　c/o Mrs.C.E.Bittinger, East Northfield,Mass,U.S.A

守屋栄夫殿

侍曹

봉투앞면 Mr.H.Moriya, %Mr.T.Hattori,Rep. of the Bank of Chosen 34 Old Broad St. . Palmerston House, London, England →転送 bei/Intl Reise Wilmesdorf Spessart Strasse5 gh. ⅢDeoutschland, Berlin 朝鮮銀行ロンドン出張所気付守屋栄夫殿 봉투뒷면 T.Yamamoto 600 w,122st, New York City

원사료번호 80-40-1-37

16 | 1923. 7. 7.

拝啓暑中御変りなく御旅行に候や御伺申上候。紐育は九月中は未だ暑さきひしく候へば今月末か十月初位に御着なさる方よろしからんと存候。小生は本月初より当地にまゐり来る十三日より外国伝道の為の大会大部分婦人)有之候へばその会合中少し仕事を致し度目下奔走中に候。当地は静かにして且つ洋々と候へば九月末迄の小生の宿所は当地

に致し置くつもりに候。大会は引きつづき各種のもの当地にて開かるる筈に候。大会の間に新英州の各地を廻はるつもりに候。唯新英州は保守的の処なれば活動写真をそなへ置く所少なき(教会にて)為に小生は講演のみ致し居候。写真機なき所は新に許可を得る手続や何か有之一寸開催むつかしく候。前便申上候通り紐育今着の節迄には帰紐致し船迄御迎にまゐり度存じ居候へば船名(会社の名前も)着時日等御手数乍ら紐育のアドレスと当方と両所宛にて御葉書にてよろしければ御一報願上候。紐育の方は引上げて目下家内も当地にまゐり居候へ共萬一当方へ郵便不着等の事ありてはと存候。両所へ御願申上候次第に候。小生の荷物は船会社へ問合せ候処船にては朝鮮の方へは送附不能との事なれば(横浜迄との事)荷物は紐育へあづけ置候。米国にては充分御視察の出来る様御案内申上度と存じ候。御仝行の朝鮮の方は欧州も御仝行に候や。敬具

七月七日

米国 イーストノースフィールド

山本忠美

守屋栄夫殿

侍曹

봉투앞면 Mr.H..Moriya,%Mr.T.Hattori,Rep,of the Bank of Chosen, 34 Old Broad Street,Palmerston House,London, EEGLAND (転送)b/Dr.Bruck,57,Kurfurstendamm,Berlin.Deutchland 守屋栄夫殿 봉투뒷면 T.Yamamoto, %Mrs.C.E.Bittinger,East Northfield, Mass.U.S.A
원사료번호 80-2-2-4

17 | 1923. 7. 23.

拝啓 暑中御健勝欧州御旅行中の御事と存上候。小生は当地に宿を定めて各地を廻はり度と存じ当地にまゐり候所当地には夏中七種程の宗教的大集会有之。毎回一千数百名の人々各地より来集するあり様なれは夏中当地に止りて仕事をする事に決心仕り候。昨日終了したる外国伝道婦人大会の如き実に一千二百名程の人々集り来り候。一週間の開期中小生は幸に朝鮮に関する演説を三回程試むる機会を与へられ申候。今後尚四回程の大会ある筈に候へば機会をとらへ度相考へ居り候。いろいろの事情ありて活動を見せる事の出来ざるは(当地にて)少しく残念に候。併し各地より来りたる者のの中その教会にて活動を見せる約束を為したる所有之候。種々御相談申上度件も有之候へば紐育にての拝芝の機を相楽しみ居候。紐育にて御船迄是非共御迎へにまゐり度と存し候へば御着の時日、船名、船会社名等御手数乍ら御一報願上度候。御着の四五日前迄に紐育へまゐり度と存じ居候。尚ほ御手数甚だ恐縮に候へ共紐育と当地と両方人へ右御報被下候へば幸に候(御葉書にてよろしく)。郵便不着等の事あつて萬々一行ちがひを生じては不都合に候へば右御願申上候。当地アドレス T.Yamamoto c/o Prof.Duley East Northfield,Mass.U.S.A 600 w.1st new york city U.S.A

山本忠美

守屋栄夫殿 侍史

봉투앞면 Mr.H..Moriya,%Mr.T.Hattori,Rep,of the Bank of Chosen, 34 Old Broad Street, Palmerston House, London, ENGLAND(転送)b/Dr. Bruck,57, Kurfurstendamm, Berlin. Deutchland 守屋栄夫殿 봉투뒷면 T. Yamamoto. Prof. Duley, East Northfield, Mass.U.S.A
원사료번호 80-2-2-22

18 | 1923. 8. 13.

拝復 伯林よりの御葉書拝見仕候。御健勝にて御旅行の由大慶此事に候。九月二十九日頃御着の由小生は御着前に小生の宿を探す必要も有之候へば九月二十三四日頃までに帰紐可仕候。家内は紐育にては婦人のキリスチャン、ウオーカース、ホームにまゐる事に室をレザーブ致し申候間此方は安心に候。紐育に於ける御一行の御宿は一先づペンシルバニヤ、ホテルに御出が御便利と存じ候が全ホテルのルームをレザーブする事は朝鮮銀行支店へ御依頼になりて全行の名を以て御申込になる方小生の個人として申込むよりも御便利かと相考へ候間御参考迄に申上置候紐育にて御迎へする日を楽しみ御まち申上居り候。敬具

八月十三日　　　　　イーストノースフイールド

山木忠美

守屋栄夫殿 侍史

0当地にては各種のコンフエレンス有之毎回壱千人以上の人々集り来り候為め予想以上の宣伝は出来よろこひ居候。宣伝用書類の不足の為め機会を失ひ候事度々有之候。当地にて小冊子を(水野氏のアドレス)急に少し印刷致し間に合せ候様の事に候。

0家内は米国ルーテル教会の各地に開かるる大会(三箇所)に招かれ朝鮮に関する紹介を為す約束なりしも先般来顔面神経痛をなし候為め此方を断り静養中なるは大切の機会を失ひ残念に候。

봉투앞면 Mr.H.Moria, The Bank of Chosen, 34 Old Broad Street, London, England →転送 b/Dr.Bruck, 57, Kurfurstenda mm. Berlin,Deutchland 守屋栄大殿
봉투뒷면 T.Yamamoto,Prof.Duley,East Northfield,Mass.U.S.A
원사료번호 80-2-1-52

19 | 1923. 8. 19.

拝啓 紐育宛の御葉書き昨日拝受仕候。小生は来月ニューハンプシャーの教会へ朝鮮に関する演説にまゐる約束有之候へばそれを済し九月廿二三日頃迄に紐育へかへり貴台方を波止場にて御迎へする考に候。御宿の事は前便申上候通り御地朝鮮銀行出張所を通じて紐育の右銀行に御依頼になる事が御便利と存じ候。さすれば小生も帰紐早々朝鮮銀行を訪ひ仝行の者と相談の上とりきめ可申候。当地にては七種の宗教大会此夏中開催され小生は各種の会合にて朝鮮に関し演説する機会を与へられ申候。殊に昨日を以て終りたる新英州共励会大会には先年の事も有之候へば是非一言発言の機会を得度と存じ居候処幸に友人を通じて先方より三十分間演説するの機会を与へられ候へば "Korea of Yesterday and Today" と題し話申候処急霰の如き拍手を受け申候。(併合以来朝鮮にては基督教に対する迫害等は断してなし。斯る噂の事実はabsolutely gormlessと申候処何れも非常よろこび申候)
0此冬より来春にかけて(夏迄)朝鮮宣伝の為めには絶好の機会到来仕り候へば何れ御来紐の節御相談申上度と存じ候。小生も新英州へまゐりて初めて此事を知り申候。小生の当地にて為したる演説の一部がレコード、オブ、キリスチャン、ウオークと申す非常に発行部数の多き雑誌の掲載さるることになり候由此夏は随分忙はしかりしも相当の働き出来申し候事を相よろこび居り申候。いつも乍ら乱筆御許被下度候。

八月十九日　　　　　　敬具

ノースフイールドにて

山本忠美

守屋栄夫殿 侍曹

봉투앞면 Mr.H.Moria, The Bank of Chosen, 34 Old Broad Street, London, England 봉투뒷면 T.Yamamoto.Prof.Duley,East Northfield,Mass.U.S.A
원문서번호 80-2-1-50

20 | 1923. 8. 26.

拝復 当地並に紐育宛の御葉書正に拝見仕候。アクイタニヤは確にキューナード会社の船と承知致し居候へば帰紐の上早速同会社へ着船の時日並に波止場を問ひ合せ必ず小生御出迎へにまゐり可申候間左様御承知被下度候。紐育に近きヨンカーの長老教会よりかねて朝鮮の話を依頼され居り候へば当地を少し早く引上る事に決定仕候。即ち九月十五日頃帰紐可仕候。一両日前を以て当地に開かれたる各種の大会も終り候。ギューリツク博士[39]東洋よりかへり朝鮮に関する報告演説もあり候由にて各新聞にその事掲載され候へば朝鮮の方へは御おくり申上置候、中一葉丈御参考迄に封入仕候間御一覧被下度候。敬具

八月二十六日　　　　米国山本忠美

守屋栄夫殿 侍曹

添付 New Tork Tribune 1923年8月22日付記事

39 Sidney Lewis Gulick(1860-1945) 同志社大学 교수, 선교사,

봉투앞면 Mr.H.Moriya,%Rep. of the bank of Chosen, 34 Old Broadway Street,(Palmerston House) London, ENGLAND 봉투뒷면 T.Yamamoto, East Northfield,Mass.U.S.A
원문서번호 80-2-1-49

21 | 1923. 9. 1.

拝啓 もはや御帰英の御事と存上候。小生事は明夜ニユーハンプシヤー州のヒンスデイールと云ふ町のメソヂスト、ユニテリアン、会衆の三教会連合にて小生の朝鮮に関する話を聞く事に相成居候へば仝日午後仝地へ赴き来る月曜日帰宅ぼつぼつ引上げの準備を致し度と存上候。
0 ギューリツク博士が教会連盟の会合にて為せる朝鮮に関する演説は各地の新聞に掲載され朝鮮事情紹介に相成申候。切抜は大西一郎氏[40]宛おくり置申候。加藤首相逝き、後任には山本伯が首相に後藤男が外相に就任せられ候由ニューヨクタイムスは報じ居り候。前便申上候通り紐育に於ける御宿の事は朝鮮銀行支店へ御依頼相成候様せられ度候。支店を訪ひ此件に関し相談可仕候。 敬具
九月一日 山本忠美 守屋栄夫殿 侍曹

봉투앞면 Mr.H.Moriya,%Rep. of the bank of Chosen, 34 Old Broadway Street, London, ENGLAND 봉투뒷면 T.Yamamoto, East Northfield,Mass.U.S.A
원사료번호 80-2-1-48

40 오니시 이치로(1887-1950) 내무관료, 조선총독부 사무관.

22 | 1923. 9. 3.

拝啓 今朝紐育、ボストン、スプリングフィールド等各地の新聞をとりよせ披見仕候処東京にて拾五萬の死傷者横浜にて拾萬の死傷者有之候由尚東京にては丸の内海上ビルデイングを初めブリツク大建築物は一切破カイ東京ステイーションも一部破カイの模様に候。Takahashi and Matsukata are Killed by quake, Ruin prompts Nippon plan to more capital云々等の記事有之候。御留守宅は目下東京にや或は京城に御出に候や■に御心配申上居候。米大統領Coolidge asks nation to aid quake victims新内閣組織の大命山本伯に下り大体左の如き顔ふれを以て組織する事に決したる由。首相兼外相 山本伯 内務 後藤伯 大蔵 井上準之助、文部 岡野敬次郎、農商務 田男 逓信 犬養毅、鉄道 山之内一次、司法 平沼、陸海軍は留任。右は大阪朝日の報ずる所として紐育トリビューンに掲載有之候。○九月に入つて諸教会が活動を初め候へば今朝又々アマストの第一会衆教会より演説を依頼致し来り候が東京の震災の様子を早く承知致し度候へば来週中に紐育にかへらんかとも相考へ居り候。拝具

九月四日夕　　　　　山本忠美

守屋栄夫殿 侍史

봉투앞면 Mr.H.Moriya,%Rep. of the bank of Chosen, 34 Old Broadway Street, London, ENGLAND 봉투뒷면 T.Yamamoto, East Northfield,Mass.U.S.A
원사료번호 80-40-1-13

23 | 1923. 9. 3.

拝啓小生昨日ニューハンプシャー州の方へまゐり只今の帰宿仕候。紐育タイムスを一見仕り候処東京に大地震起りたる由御地新聞にて御通知の御事と存上候が東京横浜のみにて死者拾萬東京をさる五十哩四方は被害甚しき由名古屋、熱海、伊東、箱根等も被害大なる様子に候。安政の地震よりも被害大なりとの事に候。御承知の事は存候へ共為念御報申上候。来週十四日頃当地を引上げ紐育へかへり可申候。

九月三日夕　　　　　敬具

ノースフイールド　山本忠美

守屋栄夫殿　侍曹

昨夜まゐり候所は大成効にて非常に誤解とけ申候。各地の状況は拝芝の上萬々可申候。タイムス紙の二面以上を此報導に費し居候。Imperial Family is safe but premier Yamamoto has a narrow escapeと報ぜられ居り候。小生は当地より四十哩程あるニューハンプシャーの某町にて各教会連合にて小生の所持せる活動写真並に小生の講演を依頼致し来りたれば来る日曜日なれば都合よろしと返事致置候。各教会相談の上の事なれば返事未だまゐらず候へともその返事如何に依り候。

봉투앞면 Mr.H.Moriya,Rep.of The Bank of Chosen,34 Old Groad Street, London,England
봉투뒷면 East Northfield, Mass,U.S.A T.Yamamoto
원사료번호 80-40-1-19

24 | 1923. 9. 7.

拝啓　東京の震災に就ては御心配の御事と存候。昨日と今日の諸新聞の報導に依れば最初のものは大分エキザヂエレートされきたる事相解り少しく安心仕候も何分東京の五分二横浜の全部デイストレイされたる事は事実らしく候。御地の報導も左様と相考へ申候。米国人の此度の事に対する同情非常のものにて小生等も毎日数通づつの慰問の手紙を受取居候。紐育赤十字は壱百萬弗新英州赤十字は参拾五萬弗ワナメーカー氏は個人にて貳萬五千弗と云ふ風に何れも義損金を募集中に候。併し之がライオンス、シエーヤーにならねば好いがなどと申し居る談話も新聞に掲載され居候。東京火災の一部の原因は朝鮮人がタイマツを以て放火したるに因るとの記事も今日の新聞に相見え居候。此度の事件の為め御帰朝を御急ぎになる様の御事は無之候や。御伺申上候。小生今月中朝鮮に関する演説に行く約束を三個所丈は前より致置候事とて明日はアマスト(昔新島襄先生の勉強したる所)に赴き明後日朝夕二回即ち朝は「日本に於ける宗教的要求」と題し日本が所謂ミリタリズムにあらざる事より朝鮮統治の改革に論及し夕は"Korea of yesterday and today"と題し如何なる事を日本が朝鮮に於て為したるかを紹介するつもりに候。日曜夜か火曜日に帰宿当地の重なる人々に告別をなし早速帰紐おそくも来週金曜日即十三日迄には帰紐致し日本よりの情報を知り度と相考へ居候。而して仝地にて御着米を御待ち可申候。

九月七日　　　　　米国ノースフイールド

山本忠美

守屋栄夫殿　侍曹

봉투앞면 大正十二年九月七日 Mr.H.Moriya,Rep.of The Bank of Chosen,34 Old Groad Street, London,England 봉투뒷면 East Northfield, Mass,U.S.A T.Yamamoto
원사료번호 80-40-1-12

25 | 1924. 9. 25.

拝啓　御転任早々何かと御多忙の御事と拝察仕候。小生事其後組合協会のアンニユアルミーチングに出席、京阪神の知人間を歴訪仕り朝鮮に於ける小生の仕事につき相談も致し又援助も乞ひ候処組合協会の朝鮮伝道の際にもあまり多くの資金を要し殊に引上げの時には或人々は組合協会事業と申す関係上負債償却の為め多大の負担をせざる可らさる始末と相成候にもかゝはらず今尚ほ京城の某銀行に借金有之候て困却致居り候由その上事業の結果が今日の会衆教会の有様なれば朝鮮にては何か財政上の基礎なくんば伝道事業は出来ずとの意見ある(内地なれば教会員が伝道資金を負担致し候)何れも朝鮮の仕事に少し位の援助を訴ても無益なれば一寸手を出し兼ねると申居られ候様の次第にて、資金の援助を教会側の有志より得る事は絶対にむづかしく候。又教会外の有志に就ても先日来阪神地方及当地にて聞く所に依れば渋沢三井岩崎の各男を初め朝鮮伝道を後援したる人々が渡瀬氏に対し感情を害し従つてキリスト教信者に対し信用を害し居る由聞及び候へば此方面に対しても如何なる方法にても援助を受くる事到底むづかしかる可くと考へられ候へば小生の仕事の如き拡張すればする程資金を要するものが資金の援助は殆んど八方ふさがりの形にては前途の見込一寸御立ち不申候。現在の仕事の方は未だ甚ださゝやかなるものなるに毎月小生の生活費を加ふれば金五百円以上を要し居れば今日迄に総督より壱千五百円、内務局より壱千五百円、学務局より五百円の援助を得たるも(京城府よりは補助は得られませんでした)本年一月より種々準備の為に要したる金を加ふれば来る一〇月末迄にても金貳千円以上の不足を告る事と相成可申。此不足額は小生亡父の遺産中より小生の継母に残し置たるものを借りて間に合せ置たる様の事にて到底仕事を継続する事出来不申候。貴臺には種々御心配相かけ候事にて如何にかして朝鮮に於て一仕事致し度と相考へ候へ共前陳の次第如何にも致方無之候。よし又幸に今日迄位の援助を何かの方法によりて得るとしても此丈の仕事にては折角朝鮮にて仕事をすると申すのに恥かしさもあり又御援助下さる方々にも相済ざる儀と存じ候へば、仕事を続けるの勇気起り不申候。朝鮮を引上ては小生今後の身の処置に一寸困り申候へ共之は友人に相談せば何んとかなるならんと存じ候。組合教会の組織上幹部が小生を適当の処へ任命すると云ふ様なる権能は無之、又好き空位も無之候のみならず、小生が長く教会を遠かり居候ひしかば此度大会に出席しても知らざる人々多く又小生を知る人も少なく相成候あり様なれば直ちに適当なる地位を得る事はむづかしく候。又小生も従来の関係上、たとへ内地にかへりても鮮人の多く居る土地にまゐりて鮮人青年の為に力を尽し度と存じ居候。幸ひ大阪に来りて専門学校以上の内地人学生等に対して伝道すれば生活する丈位の方法は立てゝやりてもよろしと申居る者有之候へば当分仝地に引上て学生を相手に伝道をなし朝鮮の事は時機をまつ考に御座候。大阪なれば小生の主たる仕事の■■鮮人に対しても只今の京城に於てなしつゝある位の事は出来可申と相考へ居候。前陳の次第本日御目にかゝりて委細申上度と存じ居り候処少々疲労の結果にや今朝来頻りに歯痛を覚え外出致しかね候間書中を以て直々一両日中に拝趨万々可申上候。 敬具

九月廿五日

東京にて 山本忠美

守屋閣下

봉투앞면 内務省社会局第二部 守屋栄夫殿秘展 봉투뒷면 牛込区新小川町二丁目六木村方 山本忠美
원사료번호 85-10-108

26 | 1925. 12. 23.

拝啓仕候。其後御無無音に打過ぎ申訳無之候。歳末御多忙御事と拝察仕候。陳者先年在米中は一方ならぬ御世話に相成申候。又一昨年帰朝当時非常なる御厄介に相成候事は常に思ひ出でゝは感謝罷在候小生も久しく相遠ざかり居候。組合協会へ急にかへり候事なれば未だ志を不得候へ共その内時機到来すれば少しく活動を試み度と存じ居候。クリスマスの祝意を表し度軽少乍ら草子小包二個御贈り申上候間失礼に候へ共御子様方に御あげ被下度候。敬具

大正十四年十二月廿三日

大阪山本忠美

守屋栄夫殿 侍曹

봉투앞면 東京府下瀧野川町西ヶ原七四 守屋栄夫殿 봉투뒷면 大阪市住吉区天王寺町一九六六（一本松） 山本忠美
원문서번호 85-10-30

27 | 1926. 12. 27.

粛啓 大行天皇の御崩御は哀悼の極みに御坐候。小生の教会は創立日尚ほ浅く未だ小団体なるも昨日曜日朝会員一同を集め哀悼式を挙行致候。小生は一文を草し謹みて大行天皇の尊霊に対し哀悼の至誠を捧げ臣子哀々の哀情を表し奉り申候。我か七千万の同胞が悲報に拝接し地に哭し天に叫ぶの状は億兆父母に喪するが如し。その史上の文字を如実に我が同胞哀悼慟哭の事実に顕はしたるものにて万代に通して変らざる臣民忠節の大義此所に発露したるを見て悲しみの中にも帝国将来のため聊か気を大にするを得たる心地致し申候。本日小包郵便にて甚だ粗品に候へ共御贈り申上候間笑納被下候はば幸に御座候。拝具

昭和元年

十二月二十七日 大阪

山本忠美

守屋栄夫殿

侍曹

봉투앞면 東京市瀧野川区西ヶ原町七四 守屋栄夫殿 봉투뒷면 大阪市住吉区天王寺町一九六六（一本松）山本忠美
원문서번호 85-7-2-1-23

28 | 1929. 3. 9.

粛啓 御北堂には去る三月三日御逝去被遊候由御一同の愁傷の程深く拝察仕候。御北堂には尊台方何れも国家社会のため御尽瘁の御有様を御覧になりて此世を御去り被遊候御事は御北堂の霊も御満足被成候御事又尊台方に於かせられてもせめてもの御慰めと拝察仕候。謹みて御弔詞申上度如此に御座候。

拝具

昭和四年三月九日　　　　　　山本忠美

守屋栄夫殿

侍曹

大阪一 山本

先頃官憲の手に入りたる檄文の英訳音参考にまでに一部御送申上候。ウエルチ博士の意見書は水野閣下の御手元に差上ある由なれば訳文の必要は無之候がスレス御参考の為三部貴覧に供し候内容は差支無之候はゞ渡瀬牧師に一部御覧に入れ下されては如何に候や。

봉투앞면 東京市外瀧野川町西ヶ原七四　守屋栄夫殿 봉투뒷면 大阪市住吉区天王寺町一二三 山本忠美
원사료번호 5-14-46

29 | 1931. 3. 11.

粛啓　春暖漸く相催し候処、愈々御清適奉慶賀候。議会開会中にて御多忙の御事と拝察仕候。陳者此度小生の友人なる盲人哲学者が其入信手記を出版仕候間別封にて一冊拝呈仕候。幸に御　覧を賜り度候。拜具

三月十一日　　　　　　山本忠美

守屋栄夫殿　侍曹

봉투앞면 東京市外瀧野川町西ヶ原町七四　守屋栄夫殿　봉투뒷면 大阪市住吉区共立通二丁目七五　山本忠美
원사료번호 86-357-21

30 | 1933. 8. 29.

粛啓　残暑酷しく候処愈々御健勝の段奉慶賀候。陳者小生の友人にしてショウ翁と親交あるもの有之此度仝翁が日本より帰りたる後各地にて為したるスピーチを集めて小冊子と為し候へば一冊御贈り申上候間御覧被下候はば幸ひに候。ショウ翁は先般世界を廻はりて帰英従来

とは態度一変し世界を救ふものは基督なりと申居る由に候。先は御無音を謝し候旁々右迄。拝具

八月二十九日　　　　　　　山本忠美

守屋閣下

봉투앞면 東京市瀧野川区西ヶ原町七四　守屋栄夫殿　봉투뒷면 大阪市住吉区共立通二丁目七五 山本忠美
원사료번호 84-18-42

2

조선인 서한

1. 姜星熙[41]

1 | 1930. 5. 14.

謹啓 時下孟夏之候。閣下には御寶眷倶に益々御清穆に被為渡候や。尚ほ為国家御康旺祈上候。陳者過日上京御伺ひ候節は御多忙中特に御面会を許され、尚ほ中島様之御紹介を被成下誠に難有御礼申上候。先は御謝礼申上度如斯御座候。草々敬具

庚午五月十四日　　　　　　姜星熙 拝上

守屋閣下

봉투앞면 東京滝野川西ヶ原七四 守屋栄夫殿 봉투뒷면 朝鮮馬山府新町 姜星熙
원사료번호 7-147-92

2. 姜昌基[42]

1 | 1928. 2. 17.

謹啓 余寒酷敷御座候処貴下立候補致され日々御心労の御事と推察仕候。何分普選初頭の事とて候補者林立の折柄非常なる努力を要する事に候へば自重自愛御奮闘相成邦家の為め誓て御当選の栄を負はれんこ

41 강성희(생몰년 미상) 정선군수, 울진군수, 창녕군수, 함안군수.
42 강창기(생몰년 미상) 力行社 주간, 聖德學園長.

と切望の至りに御座候。敬具

二月十七日　　　　　　姜昌基

守屋先生 御侍史

봉투앞면 宮城県仙台市刈田柴田伊具亘理名取宮城黒川加美志遠田郡守屋栄夫選挙事務所 守屋栄夫様 봉투뒷면 東京府下高田町雑司谷水原六五二 姜昌基
원사료번호 10-414-38

2 | 1928. 2. 22.

拝啓 余寒未去之候。貴下今回の総選挙に多数の候補を圧倒し目出度御当選の栄を得られ候事誠に邦家の為め慶賀の至りに不堪候。右御祝辞申上度如斯に御座候。敬具

二月二十二日　　　　　　力行社 姜昌基拝

守屋先生御侍史

봉투앞면 宮城県玉造栗原登米桃生牡鹿本吉郡守屋栄夫選挙事務所 守屋栄夫様 봉투뒷면 東京府下高田町雑司ヶ谷水尻六五二 姜昌基
원사료번호 7-147-84

3 | 1930. 2. 16.

拝啓 高堂益御清穆之段為邦国大慶至極に奉存候。陳者今般候補者林立の折柄是非御当選の栄を勝ち得る様切に祈り居候。敬具

二月十六日　　　　　主幹姜昌基

守屋栄夫先生

봉투앞면 府下東京瀧野川西ヶ原七四　守屋栄夫先生 봉투뒷면 東京府下長崎町西向二九四六 姜昌基

원사료번호 10-409-39

4 | 1930. 2. 21.

拝啓 高堂愈御清穆之段奉慶賀候。陳者今般総選挙に際し目出度御当選被遊候は為邦家慶賀存候。就而早速拝進賀伺可申上候処不取敢書面を以て御祝辞申述度如斯御座候。 敬具

二月二十一日　　　　　力行社 主幹 姜昌基

守屋栄夫先生

봉투앞면 府下東京瀧野川西ヶ原七四　守屋栄夫先生 봉투뒷면 東京府下長崎町西向二九四六 姜昌基

원사료번호 10-409-40

3. 権星玉[43]

1 | 1925. 12. 20.

謹啓 時下酷寒の砌益御健勝に被為渉候哉御伺ひ申上げ候。降而愚生儀去る七月黄海道海州郡属復命御陰を以て無事務め居り候御乍憚御安神被下度候。顧みれずば御在鮮中公私共々格別なる御愛護を蒙り難有感銘仕候。尚ほ将来共々御指導の程切に御願ひ申上げ候。当地には李範益[44]内務部長ありて種々と御厄介に成り■■は身の溢る任官の栄を蒙りしは本府石黒[45]地方課長の懇切なる御配慮にして之れ全く閣下の御高配に外ならすして■■■勉励以て御恩の萬分の一なりとも酬ゆへく心掛け居り候希はくは御見捨をなからむことを伏して御願ひ申上候。海州と申せば見るもの聞くもの井底蛙見に過きすして之れ■■希望地にはあらされとも微々たる前途開鑿には最も適合なるへきかと存じ居り候。先は久しき間御無沙汰の御お詫ひ旁御礼申上け度如斯御座候。敬白

乍末筆御奥様並に御令嬢様にも宜敷く御伝言被下度切に御願ひ申上げ候。

十二月二十日　　　　　　権星玉　頓首

守屋栄夫閣下　　御侍史

---

43 권성옥(생몰년 미상) 해주군 속, 재령군 속, 양주군 속.

44 이범익(1883-?) 황해도 내무부장, 강원도지사, 충남지사, 중추원찬의.

45 이시쿠로 히데히코(石黒英彦, 1884-1945) 총독부 내무국 지방과장.

봉투앞면 東京府下瀧の川西ヶ原七四　守屋栄夫閣下 봉투뒷면 黃海道海州郡 權星玉
원사료번호 85-10-79

4. 權泰用[46]

1 | 1928. 2. 23.

謹而祝御当選 昭和三年二月二十三日　府下碑衾町七〇秋山権三郎方権泰用　拝祝　守屋栄夫　閣下

봉투앞면 滝野川西ヶ原七四　守屋栄夫 봉투뒷면 権泰用
원사료번호 9-147-44

2 | 1928. 6.

贈呈

守屋詞伯行幰下

権泰容

奉別

46 권태용(1874~?) 공주군수, 노성군수, 삼수군수, 홍원군수, 이천군수, 북청군수.

守屋詞伯

重見高車此千過 懇
談如篤蘊春和 祝公宇
内名逾達 嗟我田間鬓已
皤 牽恨歸程芳竹綠 含情
遠樹夕陽多 不知渡意更何
日餞以蕪章兼以歌

戊辰六年下澣
朝鮮論山 辱知權泰容 謹稿

원사료번호 10-404-11

3 | 1929. 3. 12.

頓首再拜白　御母様突然の御病気にて遽に御他界被遊候由至極驚入り尚一層御愁傷嘸しと遥に奉察候。乍後馳而御悔申上候。

昭和四年三月十二日　　　　　　權泰容　頓首再拜

香尊料金五円郵券別紙相添申候

봉투앞면 東京市外瀧野川町西ヶ原七四　守屋栄夫　봉투뒷면 忠清南道論山郡恩津面防築里　權泰容

원사료번호 9-11-7

4 | 1929. 12. 27.

昭和連盟加入申込書(権泰容 権寧玉 南延椒 権重学)

謹啓 時下日増に寒気相暮候処皆様御揃愈々御健勝奉賀上候。陳者過般昭和連盟会発起会に折角の御案内に預り御座候処、生憎■■にて出席能はざりしは遺憾の所に候。此旨を去る二十三日までに電報に可申上仕置候へば御覧のことと存じられ候。尚同会員募集の件に付相当尽力致居候へ共多くは夏虫に語氷にて中心同意者多からず候。申せばとて生命保険には会社株主を募集の如く強く働の必要なきものと認められ候。親戚の内三名及友人の内一名計四名に止め別紙申込書を相添へ申上ぐる次第に御座候。尤も会費の払込時期及方法に付何分の御指図を御待居候。右要用まで。謹具

昭和四年十二月二十七日　　　　　権泰容

守屋栄夫殿

追申

普通会員を以て今迫て維持会員又は特別会員に資格変更の希望有之候ときは■■■入れることに相成居候や、尚申込は何時までに締切るへきを御定め有之候や、併而御一報相煩度候。

봉투앞면 東京市外瀧野川西ヶ原七四 守屋栄夫殿 봉투뒷면 忠南論山郡恩津面防築里 権泰容
원사료번호 5-14-33

5 | 1930. 2. 24.

謹啓 今回国会議員に御当選相成候は平素の御蓄鋭を以て推し■安とするに足らず候へ共国家の為め何によりの御慶事謹而賀上奉り候。昨日不取敢祝電を差上仕置候へ共相悦の余り尚御祝申上度如斯に御座候。謹具

昭和五年二月二十四日　　　　　　　權泰容

守屋栄夫殿

봉투앞면 東京市外瀧野川西ヶ原七四 守屋栄夫殿 봉투뒷면 忠南論山郡恩津面防築里 權泰容
원사료번호 9-16-67

6 | 1930. 3. 30.

謹啓 時下日増に春めく御座候處皆様御揃愈御健勝被為在賀上候。先般の選挙に勝利を他黨に取られ候こと遺憾の所に御座候處何れの政黨に於ても誠の政治さへ有之候はばの希望に候。陳者復候例の件を以て御清神を御煩す候ことは甚だ恐縮千萬に御座候へ共事情に迫められ他を顧るに途ならず候て今猶如斯に御座候へば何卒不憂御思召の上御憫察垂れ賜り度候。小生元来不器用の者として一旦退官せられたる者に候へば曽而同僚にありし年配の者の如く知事になり参与官になることは望まれず候も雁の飛を見石亀の地団駄を踏む羨望なきにはあらず候。素より小生の希望は官職にあらず中枢院参議に候。曽年の改任期に於

て御世話斜めならざりしにも不拘遂乍不徒平を見今に遺憾の所に候。中枢院参議改任期今又近き居り候に付今回には漏れざるへく斎藤総督閣下及其他當局の方へ堅く御依嘱せられ彌が上に御配慮賜り度、乍厚顔御依頼申上候、実は退官後五年を経だる(ママ)今日猶何れにも就職無之恩給のみを以て多人家族の生活費及子女の教育費を支へ幾程節約を加へ致し居候も不足を告け物質上精神上共に苦痛の歳日増に甚敷の境遇に至り居る姿に御座候。就ては斯る事情を称へ頼もしき處更に無之惟平素の御盛眷に任せ御側へ申上ぐる次第に御座候。失礼の段御仁兌下され度候。事情を申述、尚御依頼申上度右まで　謹具

昭和五年三月三十日　　　　　　　権泰容

守屋榮夫殿

侍史

追申

中枢院参議改任期は来る四月中にあるが如く候。御参考の為め申添候

봉투앞면 東京市外瀧野川西ヶ原七四　守屋栄夫殿 봉투뒷면 忠南論山郡恩津面防築里 權泰容
원사료번호 10-405-9

5. 金基善[47]

1 | 1923. 3. 14.

拝啓 其後如何に被遊候哉御伺申上候。降而小生儀途中にて数日遅延致し八日は無事到着仕り候間乍他事御放神被下度候。陳者数日中倫敦に往くべき筈の処鼻を少々痛み居り治療中に候はば二十四五日頃当地出発致度存居候。甚た恐縮に候得共朝鮮銀行に小生宛留置為替有之候はは小生儀倫敦に往く迄て留置く様御一言御伝被下度願奉り候。尚御序の時に御住所御示せ被下度候。先は右申上度如斯に御座候。敬具

三月十四日　　　　　　金基善拝

守屋部長殿

봉투앞면 朝鮮銀行倫敦支店寄附 守屋栄夫様
원사료번호 80-2-1-18

2 | 1923. 7. 16.

謹啓 御健康を祈り奉り候。小生儀無事に当地に参り候。当地は景色も宜敷尚面白き事も有りそうに存候。露の事は委詳明朝御報告申上べく候。 十六日 金基善

47 김기선(생몰년 미상) 내무부 속, 함경북도 이사관, 전매국 부사무관, 선산군수, 충주군수.

그림엽서 Merrn S. Morya C/ Dr. Bruck . Berlin Kurfürstendamm 57
원사료번호 80-40-2-34

3 | 1923. 7. 22.

拝啓 其の后如何に被遊候哉御伺申上候。陳者小生儀当地に参り以来病気は大分回復致候。併し何等申上べき珍しき事柄も無之候。毎日はハツ地方の附近を旅行致居候。先は御機嫌御伺旁々如斯に御座候。二十日
金基善 Goolanに立寄り
守屋部長貴台

그림엽서 Merrn S. Morya C/ Dr. Bruck . Berlin Kurfürstendamm 57
원사료번호 80-40-2-33

4 | 1923. 8. 3.

拝啓 御芳書及英貨三枚確実に拝受仕り候。瑞典方面の旅行は旅券の裏書間に合ぬ事と存じ中止致度存じ居候。先は右申上度御自愛祈奉候。
八月三日 金基善
守屋部長閣下

그림엽서 Merrn S. Morya C/ Dr. Bruck . Berlin Kurfürstendamm 57
원사료번호 80-40-2-7

5 | 1923. 8. 14.

拜啓 其後如何に被遊候哉御伺申上候。降而小生儀明日当地出発中途二日旅行を致し来る土曜頃に栢林に参るべく帰栢後直に御伺致度存居候。右要用のみ申上候。

八月十四日　　　　　　金基善

守屋閣下

그림엽서 Merrn S. Morya C/ Dr. Bruck . Kurfürstendamm 57 Berlin
원사료번호 80-40-2-3

6 | 1923. 8. 23.

謹而閣下御健康を奉祈候。降而小生只今当地に参り明日の晩栢林に帰り土曜の午前中に御伺致度存居候。

十六日　　　　　　金基善

守屋閣下

그림엽서 Merrn S. Morya C/ Dr. Bruck . Berlin Kurfürstendamm 57
원사료번호 80-40-2-30

7 | 1923. 9. 8.

謹啓 御安着被遊候哉御伺申上候。昨日アンリと共に警察に参り候処未た見あたらぬ由に候。御發談に奉遵致し尚極力さがす心算に居候。

金曜午前　　　　　金基善

그림엽서 Mr. S. Moriya Hotel Somerset C/O Bank of Chosen Orchard St.
원사료번호 80-40-2-22

8 | 1923. 월. 일. 불명

拝啓 御宅の御消息御聞被遊候哉。御手荷物は種々調べ候ても大な未だ何等得る処なく■■多くして誠に申訳無之候。林、アンリ両君今后とも全力を尽す模様にして仕方なく小生儀は火曜八時当地出発御膝下に伺ひ度存候。敬具

九日　　　　　金基善

守屋部長閣下

그림엽서 Mr. S. Moriya Bank of Chosen Hotel Somerset Birmingham
Orchard and Somerset Street, Portman Square 34 old Broad Street England London
원사료번호 80-40-2-27

9 | 1923. 월. 일. 불명

御健康を奉祈候。小生儀昨夜アキスタ、タムに参り今明中は和蘭に滞在し廿八九には御近けく御伺仕り度存居候。

二十五日　　　　　　金基善

守屋栄夫様

그림엽서 Mr. S. Moriya C/O Mrs. C.A Dommett, Boston Lodge 3 College road upper Norwood London S.E England
원사료번호 80-40-2-46

10 | 1928. 11. 17.

拝啓 寒冷の候御家族様御揃ひ愈御清栄の段奉大賀候。陳而小生儀一家御陰様にて無事罷在候間乍余事御放神被下度候。国家の御慶事も御目出度御挙行せられ国民の幸福の至りにして同慶に不堪候。陳者御送り申上候履歴書の者は過般御来鮮の際申上置候今春独逸より帰国したる金重世(従兄)の長男にして明春京城延禧專門學校を卒業する予定にて英語支那語等外国語に精通し将来外交官たる希望を有し卒業後外務省邊に就職致し外交官試験でも受けたき旨申居候間誠に恐縮の至りに候得共外務省の判任官に採用せられる様御配慮被下度候。差当り外務省の就職容易ならさる時は他の官庁にても御配慮被下度奉懇願候。尚御序有之候はば米田[48]京畿道知事宛に墓地一件に関し今一度御書面御出し被下度併せて願上候。先は右御願申上度遥かに邦家の為御自愛の程奉祈候。敬具

昭和三年十一月十七日　　　　　　金基善

守屋代議士閣下

金誠鎬履歴書添付

봉투앞면 東京市外瀧野川西ヶ原七四　守屋栄夫様 봉투뒷면 京城桂洞一三五番地　金基善
원사료번호 10-413-19

11 | 1929. 8. 8.

拝啓 酷暑の砌愈御清祥の段奉大賀候。陳者鮮銀借入の件は金銭の用途宜しからさる理由にて拒絶せられ候間御了承被下度候。朴琫旭の件は数日中に確実に結定可致候。李基東[49]対金琪邰[50]の件事件成立後御援助致す方有利に非らさるやと存じ候。先は申上度遥かに御自愛の程奉祈候。敬具

八月五日　　　　　　金基善

守屋大先生

48 요네다 진타로(米田甚太郎, 1875-1938) 경기지사.

49 이기동(생몰년 불명) 육군무관학교(陸軍武官學校)를 졸업하고 휘문고등보통학교 체육교사를 역임.

50 김기태(1887-1941) 중추원 참의, 국민협회 상담역.

봉투앞면 東京府下瀧野川町西ヶ原七四 守屋栄夫様 봉투뒷면 京桂洞一三五 金基善
원사료번호 85－4－1－12

12 | 1929. 8. 11.

拝啓 老暑難有き砌愈御清栄の段奉大賀候。陳者鮮銀借入の件は先般の書面にて申上候如き次第に付今一応御書面御差出被下度願上候。朴琫旭の件は未た確實なる決心無之候様存じられ候間模様決る次第可申上候。別紙送付の図面に赤色にて表したる場所は目下財務局所管の芦田にして面積は約四百町の者に有之、昨日松村[51]部長に面会致し御相談申上候処財務局より払下るか未墾地として土地改良部より貸付を受けるか二道あるも未墾地としては利益あるや否や疑問であるとの由にして財務局より払下を受けるか土地良改部より貸付を受る可能性あれは希望者東上の積り居候。御回示被下度願上候。成功謝礼金は参萬円位に候。先は右申上度遥かに御自愛の程奉祈候。敬具

八月十一日　　　　　金基善

守屋栄夫様

봉투앞면 東京市外瀧野川町西ヶ原七四 守屋栄夫様 봉투뒷면 京城桂洞一三五 金基善
원사료번호 85－4－1－13

51 마쓰무라 마쓰모리(松村松盛, 1886-?) 토지개량부장, 식산국장.

13 | 1929. 8. 23.

拝啓 朴琫旭君は今迄心中を確実に定めす約束の金も支払はさりしが昨日始めて決心し金鳳洙の着手金は約束手形にて支払れたるに付現今受領次第可致送付候間御了知被下度其の他の件も朴君現金融通方運動中にして出来れば東京に参る様推察せられ候。先は右申上度如斯に御座候。 敬具

八月二十三日　　　　　　金基善

守屋栄夫様

追而朴君は財産家にして手形を現金に受領する事は確実に候。

봉투앞면 東京市外瀧野川町西ヶ原七四　守屋栄夫様　봉투뒷면 京城桂洞一三五 金基善
원사료번호　5-17-20

14 | 1929. 10. 21.

拝復 其の後御安着の由慶賀の至りに御座候。先日御滞鮮中は小生儀病気の為意になき失礼申上げ誠に申訳無之候。尚小生儀身上に就ては実に御懇篤なる御教訓誠に難有く存じ候。今後刻骨銘心御教訓に遵ひ立身の途を誤らさる覚悟に居り候間何卒御容恕被下度奉懇願候。墓地の件は金基煥に相談の上決定致べく候。先は右申上度遥かに御自愛の程奉祈候。敬具

二十一日　　　　　　金基善

守屋栄夫様

侍史

봉투앞면 東京府下瀧野川町西ヶ原七四 守屋栄夫様 봉투뒷면 京城桂一三五 金基善
원사료번호 5-31-12

15 | 1929. 12. 27.

拝啓 時下酷寒の砌御家族様御揃ひ愈々御清栄の段奉大賀候。陳者永い間の争の朴斗寅に対する民事訴訟も数日前完全に勝訴と相成候間何卒御安心被下度願上候。今朝松村局長に御目に掛り候処小生儀復職の件は目下考慮中にして近く成功する見込の由に有之候。之偏に大先生の御恩恵にして誠に感謝の至り御座候。此の上御願上兼る次第に候得共今村[52]内ム局長か又は近藤[53]秘書官に御一言御依頼被下候はば上なき光栄と存候。先は右御願申上度政治多忙の際国家の為御自愛の程奉祈上候。

敬具

十二月二十七日 金基善拝

守屋栄夫大先生台下

봉투앞면 東京府下瀧野川町西ヶ原七四 守屋栄夫様 봉투뒷면 京城桂一三五 金基善
원사료번호 10-403-14

---

52 이마무라 다케시(今村武志, 1880-1960) 내무국장.

53 곤도 쓰네타카(近藤常尚, 1893-1936) 조선총독부 비서관.

16 | 1930. 4. 11.

拝啓 時下酷寒の砌愈御清栄の段奉大賀候。陳者種々御世話に相成候金鳳洙漁場問題に就ては昨年の暮に金鳳洙直接鄭民澤君同伴して斎藤総督に直接して陳情したる由にして斎藤総督曰く「此の問題は予て知る事件に有之、同情に不堪。今年更新期に際し香椎[54]に更新するか若しくは第三者に対し李王職より賃借する事あれば断然李堈公に対し法に依り漁権取消を命すべく充分調査の上貴下の陳情に対し可成満足を与ふべし」其後金鳳洙君は喜ひ居り守屋閣下の関接の御援助を希望致居候。今後模様を見て御示せ申上げ御指導を仰ぎ度存じ居候。小生儀の身上の事に就ては今村内務局長は同情はするも小生儀を採用すれば斎藤総督に近親なる為に再度採用せられたりとの非難を多少恐れる様存じられ候間今の際　閣下より今村局長に対し御一言御依頼有之候はは必す成功する事と存じ候間御多忙中恐縮に候得共御依頼被下度伏して千万願上候。先は右申上度遥かに為国家御自愛の程奉祈候。敬具

四月十一日　　　　　　金基善拝

守屋大先生閣下

봉투앞면 東京府下瀧野川町西ヶ原七四　守屋栄夫様　봉투뒷면 京城桂一三五 金基善
원사료번호 10-403-9

54 가시이 겐타로(香椎源太郎, 1867~1946) '조선의 수산왕'.

17 | 1930. 6. 26.

拝啓 佐藤正孝君来城致し金鳳洙氏と共同経営の契約を為し東京側の御礼の為私儀宛に金鳳洙佐藤両名義にて二割提供の証書を差入れ置に付御承知被下度願上候。漁場許可後佐藤君と同伴東上致度存じ居候。敬具

六月二十六日　　　　金基善拝

守屋大先生

봉투앞면 東京府下瀧野川町西ヶ原七四　守屋栄夫様　봉투뒷면 京城桂一三五 金基善
원사료번호 10-411-27

18 | 1930. 7. 2.

最も有利なる九ヶ所は別紙契約所に示しあり

拝啓 本日尊書拝読仕り候。佐藤金両氏間に於て共同経営の契約成立致六月廿五日附両人連盟を以て願書提出致置候処金佐藤両氏曰く七十二ヶ所の内香椎氏の直営せし九ヶ所が最も有利の場所にして他は余り価値のなき由に有之候間可成九ヶ所を貸下らるゝ様其の筋へ御依願御配慮被下度願上候。契約書写別途送付致候。先は右申上度為邦国の御自愛の程奉祈候。

七月二日　　　　金基善

守屋大先生

봉투앞면 東京市外瀧野川西ヶ原七四番地　守屋栄夫様　봉투뒷면 京城桂洞一三五　金基善
원사료번호 10-411-16

19 | 1930. 7. 30.

拝啓 極暑の砌愈御清栄の段奉大賀候。陳者先般御来鮮の際にも御配慮を蒙り候金城林野を東拓に売渡の件に付き既に鑑定を了して二ヶ月も経過したるに買受の希望はありと申居候も価格に付ては未た何等の話も無之其の儘今日に至り候。澤田[55]理事は後日中に確実に価格等を相定めることを謂ひ居候処突然今朝出発東上致候に付き誠に恐縮に候へ共一度御訪問御依頼被下度奉懇候。先は右申上候度遥かに御自愛の程奉祈候。 敬具

七月三十日　　　　　　金基善拝

守屋栄夫閣下

侍史

봉투앞면 東京府下瀧野川町西ヶ原七四 守屋栄夫様 봉투뒷면 京城桂一三五 金基善
원사료번호 10-410-12

20 | 1931. 1. 2.

拝啓 新春を迎ひ益々御多祥の段奉賀候。陳者先般御来鮮の際は遂に御拝顔の機を失ひ誠に申訳無之候間何卒御容恕被下度候。金鳳洙君漁場の件は其後財界の関係上金銭の融通不能の為未た公廨に納入金を（十年分

55 사와타 도요타케(澤田豊丈, 1881~?) 동척이사.

を一度に納る事を相成居候）納められす、金君は目下巨濟島附近に金策の為参り居り候。何れ不遠何等かの御礼を申出る事と存じ候。詳細は小野寺氏に申上置候に付御聴き被下度候。先は右申上度遥かに為国家御自愛の程奉祈候。　敬具

一月二日　　　　　　金基善

守屋栄夫様　侍史

봉투앞면 東京府下瀧野川町西ヶ原七四　守屋栄夫様　봉투뒷면 京城桂一三五 金基善
원사료번호 86-356-32

6. 金琪部

1 | 1928. 6. 30.

謹啓 過般御視察中は余り御疲労之御事と奉存上候。白金猿町大臣宅も御一同様御無事被遊候哉切にに奉祈上候。過日在京中は御親切御丁寧の御辞を賜り至つて感激之儀に御座候。訴訟事件は先日相手より元と自己の本位にあらす無頼者等より差図せられたるを以て進て取下為し謝罪の趣に有之候条御安神被下度候。筆末乍恐縮炎暑之季節柄御自愛御自重専一に奉祈上げ候。先は右御礼旁御報告迠如斯に御座候。敬白

六月三十日　　　　　　　金琪部

守屋栄夫 閣下 侍史

봉투앞면 東京市外瀧野川西ヶ原七四 守屋栄夫殿 侍史 봉투뒷면 朝鮮慶尚南道普州 金琪部
원사료번호 10-404-10

2 | 1930. 7. 2.

謹啓 時下炎暑之季節に御座候処高堂皆様益々御清穆奉賀上候。扨而過般御出朝之節はいろいろ御配慮に預り殊に水利組合之件は徐相熙[56]之報知に依れば非常に満足を与へられたる趣誠に奉感謝候。尚ほ南氏へ

56 사천지주회 부회장.

御紹介の御名刺頂戴致し近日中一度同氏へ御面会可申候。陳情書之準備は徐相煕の話に依れば着々材料蒐集致居候に付遠からす完備次第御送附可申上儀に御座候。鄙息漢秀は暑中休暇中は全人の意見を崩し帰郷之意向に御座候はゞ一応帰朝為致被下度候。頃日来は御蔭様にて病気全快相成り健康消光罷在候間御休神致下度候。早速御礼可申上筈に御座候処徐相煕君も帰途病気の為め今始めて詳細報告し来りし候為め如斯遅延致し誠に恐縮に御座候。先は右御礼申上度如斯に御座候。敬白

七月二日　　　　　金琪邰

守屋栄大殿　侍下史

봉투앞면 東京市外瀧野川町西ヶ原七四　守屋栄夫様　侍史　봉투뒷면 朝鮮慶南普州 金琪邰
원사료번호 10-411-19

3 | 1931. 1. 18.

謹啓　御懇篤なる御手紙を拝見仕り候間益々御清栄之段奉賀候。陳者未熟なる悴を御指導御監督せらるゝに付御骨折如何有之候哉。何とも申上へく御礼無之候。扨季資金六百円為替を以て差上候へは御査収被成下度候。先つは不取敢御礼を申上度如斯御座候。草々頓首

一月十八日　　　　　敬具　金琪邰

守屋栄夫閣下　侍史

봉투앞면 東京市外瀧野川町西ヶ原七四　守屋栄夫殿　親展　봉투뒷면 慶南晋州郡奈洞面篤山里金琪邰
원사료번호 86-359-5

4 | 1932. 1. 4.

拜啓 新年の御慶芽出度申納候。然れば高堂皆々様御揃ひ御健勝にて御越被遊慶賀の至りに奉存候。降つて弊家一同無異加齢仕候間乍他事御休慮被下度候。陳者愚息漢秀儀貴宅に寄宿依頼多年絶大なる御愛顧を蒙り御厚情洵に難有奉深謝候。然る処本人の一存にて遽かに他に転居の趣喫驚致申候思慮なき軽率なる挙措厳重戒飭致置候へば遠からず改悛の事と思考仕候。未本人の将来に対しては不相変御垂教賜はり度奉懇願候。同人は最近炎腫の手術を受け目下入院加療中に有之全治迄には約三週間を要する見込に有之候。先は右御詫び旁御厚礼申述度如斯御座候。
敬具

追伸

相愛会年賦寄附金壹千円也客年十二月二十三日附を以て朴春琴[57]君宛送金致置候間御了知下され度候。

昭和八年一月四日　　　　　　金琪邰

守屋栄夫様 侍史

봉투앞면 東京市外瀧川町西ヶ原七四 守屋栄夫様親展 봉투뒷면 京城府安国洞二六 金琪邰
원사료번호 85-5-29

57 박춘금(1891-1973) 상애회 회장, 국회의원.

5 | 1932. 1. 22.

謹啓 益々御清穆之段奉賀候。扨今回議会解散之御電報は拝承仕り候へとも更に御選挙の際相変ず御選抜せられん様赤心を込て希望致候。■■は年来米価暴落の為不景気相傍らに付甚だ乍微少本に情を表する為金一封差上候へは車馬費にても御使用被成下度候。先つは不取敢御禮も申上度如斯御座候。敬具

昭和七年一月二十二日　　　　　　金琪邰

守屋栄夫閣下 侍史

봉투앞면 東京市外瀧川町西ヶ原七四 守屋栄夫様至急親展 봉투뒷면 京城府安国洞二六 金琪邰
원사료번호 83-1-38

6 | 1933. 3. 14.

拝啓 先般御来駕の際は何んの御風情も無之失礼仕候。愚息漢秀は此の程全快致候に付来る二十日頃東上せしむる予定に御座候。何卒不相変御薫陶賜はり度切望仕候。時分柄御自愛専一に被遊度奉祈候。先は只御礼旁御依頼迄如斯御座候。敬具

昭和八年三月十四日　　　　　　金琪邰

守屋栄夫様侍史

봉투앞면 東京府下瀧之川区西ヶ原七四 守屋栄夫様 봉투뒷면 京城府安国洞二六 金琪邰
원사료번호 84-10-23

7 | 1933. 7. 12.

拝啓時下酷暑愈々凌難く相成候処益々御清祥之段奉賀候。扨私儀は御蔭様にて無事消光仕り候へは乍他事御放念被成下度候。先つは不取敢暑中御見舞を申上度如斯御座候。敬具

七月十二日　　　　　　金琪邰

守屋栄夫殿　侍史

봉투앞면 東京市外瀧野川町西ヶ原七四　守屋栄夫様　侍史　봉투뒷면 忠清北道沃川郡邑内 金琪邰
원사료번호 84-26-22

8 | 1933. 12. 30.

伏惟時下

崇體候 萬福庇節

咸安否 小生無警 私幸

已耳 就金種卓生活費

毎朔四十圓式 計十二か月分

四百八十圓 小切手送　呈

査収之地 千万千万 餘恭祝

儘康 不■體上

十二月三十日　　　　　　金琪邰

再拝

守屋栄夫殿 侍史

봉투앞면 東京市外瀧野川町西ヶ原七四　守屋栄夫様　親展　봉투뒷면 忠清北道沃川邑内 金琪部
원사료번호 84-17-31

7. 金基煥

1 | 1928. 10. 10.

拝啓 御帰京後御全家様愈御清栄の段奉大賀候。陳者今般御来鮮の際御多忙中にも不拘墓地の事に付篤御配慮被下誠に恐縮の至りして奉深謝に金五百円別途送付仕り候間宜敷願上候。先は右申上度如斯に御座候。
敬具

昭和三年十月十日　　　　　　金基煥

守屋様

봉투앞면 東京市外瀧野川西ヶ原七四　守屋栄夫殿　親展　봉투뒷면 朝鮮京城府嘉会洞七九 金基煥
원사료번호 10-193

2 | 1929. 1. 12.

拝啓 時下愈御清栄之段奉大賀候。降而小生儀無事罷在候間乍多事御放神

被下度候。陳者小生儀親友の実子安俊植なるもの目下東京高等工業学校に在学中にして人物極めて真面目の者に有之候はゞ伺の節は親切御指導被下度。尚学校長にも御面会の機会有之候はゞ御依頼置被下度奉■候。先右申上度遥かに御自愛の程奉祈候。敬具

昭和四年一月十二日　　　　　　　金基煥

守屋栄夫閣下

봉투앞면 東京府下瀧野川西ヶ原七四　守屋栄夫殿　安俊植持参五反田下大崎二七六(目黒方) 봉투뒷면 朝鮮京城府嘉会洞七九 金基煥
원사료번호 6-56-40

8. 金東準[58]

1 | 1923. 9. 28.

謹啓 時下倍々御清適奉慶賀候。御出発以来時下御通報可申上筈に御座候処御旅行中にも有之■別之御無音に打過ぎ多罪之候段平に御寛恕被成下度候。却説今回之御栄進被遊候段大賀至極に奉存候。何れ近く御帰任之御事と存候が道中無事御帰朝あらせられん事是れ奉祈候儀に御座候。先は右御祝詞旁々御無沙汰御詫申上度如斯に御座候。敬具

九月二十八日　　　　　　　中枢院 金東準

58 김동준(1886-1873) 광양군수, 중추원 참의.

守屋栄夫殿

侍史

봉투앞면 To.moriya, New York branch of Chosen Bank, New York, U.S.A(北米合衆国紐育朝鮮銀行支店内守屋栄夫殿) 봉투뒷면 from Jong-jun-kim Seoul Korea.Japan 朝鮮京城中枢院金東準
원사료번호 80-39-1-34

9. 金明濬[59]

1 | 1923. 4. 18.

拝啓 御出発後海陸萬里御無事御渡英被遊誠に大慶至極に奉賀候。陳者欧洲の形成は御出発前に於ても既に御熟察せられたる事ならんも今回眼の当り其文物風景を御覧被遊候。就ては殊に卓絶なる眼光を有せらるゝ貴台の事なれば嘸前人の企て及ばさる獲物多々有之候はんと邦家の為め祝着至極に御座候。只一日も早く其豊富なる御蘊蓄を以て我等一同を御霑し被下日の来らん事を楽みに致居候。弊方の状況は御蔭様を以て不相変会員一仝奮闘を継居候も貴台御渡欧後は何に彼に付心細く今更貴台を追懐する念実切に御座候。異郷の御旅情如何に御座候哉。当地は既に楊柳緑衣を纏ひ桜花将に笑を発して長安の人心を浮立申候。御旅中の徒然を奉慰事も出来様かと朝鮮産胡桃及松実少々御覧に入

59 김명준(1870-?) 국민협회 회장, 중추원 참의, 귀족원의원.

申候間御笑納被下候はゞ幸甚此に無過候。先は右御伺まで如斯御座候。
敬具

大正十二年四月十八日　　　　　　金明濬

봉투앞면 M.S.moriya, Japanese Embassy Berlin Germany　獨逸伯林行 守屋栄夫殿
원사료번호 80-2-2-18

2 | 1923. 7. 26.

拝啓 時下炎暑の砌り貴台益々御清祥に被為渉大慶至極に奉存候。陳者御在欧中の御消息は絶えず新聞紙に依り拝察仕り其都度懐しき事限りなく候。貴台の如き活眼を有せらるゝ方に依り彼地の文物を考査御取入れられ候は実に邦家の為め又は我か朝鮮の為め莫大の効あらんと感謝に不堪候。何卒一日も早々御予定の御旅行を終はられ御帰朝の上邦家の為めに暗夜の明星、横流の砥柱に被成度待兼居候。弊会員一仝は御蔭様を以て無事消光仕居候間乍憚御休念被下度候。鮮内の趨勢も人心追々実力涵養方面に傾きつゝあるは実に慶賀すべき事に御座候。先般倫敦よりの御葉書難有拝誦仕候。先つ右御挨拶まで如斯に御座候。敬具

七月二十六日　　　　　　金明濬

守屋様侍史

봉투앞면 M.S.moriya, Japanese Embassy Berlin Germany
원사료번호 80－2—1－44

3 | 1923. 9. 15.

謹啓 時下貴兄益々御清穆之段奉大賀候。扨て先日伯林より御送達に係る御恵翰は誠に有難く拝誦仕り候条左様御了承被下度候。陳者先般東京の震災は有史以来未曾有の災難に有之誠に驚駭に不堪次第に御座候。御国民一層奮努の上以上の東京を建立することを深く祈祷致候。然れ共家族一同様は郷里へ御住に付き誠に不幸中幸福と思量候。尚ほ御充分なる御視察後早速御帰朝の上万事宜敷く御指導被下度願上候。弊会の一日は御蔭を以て無事消光仕り候間何卒御休神被下度候。右は御挨拶まで如斯御座候。 頓首

九月十五日 金明濬

守屋栄夫様

봉투앞면 Return to Kim Mey Jhun Seoul,Chosen. Moriya Eng. c/o The Agent Office of Chosen Bank, New Work City, U.S.A

원사료번호 6-60-17

4 | 1923. 9. 25.

謹祝 御陸進

大正十二年九月二十五日 金明濬

守屋栄夫閣下

봉투앞면 Hon.S.moriya, to branch of Chosen Bank, New York City, U.S.A Return to Kim

Mey Jhun Seoul,Chosen
원사료번호 80-39-1-15

5 | 1926. 12. 23.

謹啓 時下寒気料峭の折柄愈御清穆の段奉慶賀候。陳者歳余数日政務多端の際に御座候処相不変御繁忙の事と拝察仕候。就ては別途粗品聊か歳晩の御祝儀迄に拝呈致候間何卒御笑納被下度先ずは右は挨拶如是御座候。敬具

大正十五年十二月二十三日　　　　　　金明濬

守屋栄夫殿

봉투앞면 東京府下瀧ノ川西ヶ原七四　守屋栄夫殿　봉투뒷면 朝鮮京城積善洞　金明濬
원사료번호 85-7-2-1-34

6 | 1928. 2. 6.

粛啓 春寒料峭之砌益御健勝被為渉慶賀至極奉存候。陳者今度普選実施後の第一回総選挙に際し愈御出馬被為成趣拝承邦家の為め寔に同慶之至りに御座候。冀くは平素蘊蓄せる御経綸を国民の前に披露し大多数の浄き一票を贏得すべく奮進健闘せられることを蔭ながら旦夕御祈申候。先は右御祈申候。如斯御座候。 謹言

昭和三年二月六日　　　　　国民協会長 金明濬

守屋栄夫閣下

봉투앞면 東京府下瀧野川町西ヶ原七四　守屋栄夫閣下　봉투뒷면 京城西大門町二一七 国民協会長金明濬
원사료번호 10-28

7 | 1929. 12. 15.

謹啓 寒威日に加はり候処益々御多祥之段奉慶賀候。最早本年も押詰りて数日を余すのみと相成定めし御多忙の御事と奉存候。小生儀毎々御庇護と御厚情とを蒙り候様感謝の至りに御座候。尚明年も不相変御眷顧を給はり度偏に御願申上候。先は右乍略儀御歳暮之御挨拶迄。如斯御座候。敬具

十二月十五日　　　　　　金明濬

守屋栄夫殿

봉투앞면 東京府下瀧野川町西ヶ原七四　守屋栄夫様 봉투뒷면 京城積善洞二一二　金明濬
원사료번호 5-14-91

8 | 1930. 1. 29.

謹啓 時下東都の風雲正に酣と相成候処益々御多祥之段至極慶賀奉存候。小生儀今般都合に依り国民協会長の職を辞する事と相成り在任中

は公私共に特に御指導に仰ぎたる多々幸に大過無かりし事は誠に感謝の至りに御座候。尚ほ今後も宜敷御臺練の程切に奉願上候。先は右御挨拶迄如斯に御座候。敬具

昭和五年一月二十九日　　　　　　金明濬

守屋栄夫　閣下

봉투앞면 東京府下瀧の川西ヶ原七四 守屋栄夫閣下　봉투뒷면 京城府光化門通二一三 国民協会本部 振替口座京城七九二九番 電話光化門一二六番　金明濬
원사료번호 10-409-51

9 | 1931. 6. 13.

謹啓 時下初夏の候尊臺一同様益々御清穆之段奉大賀候。陳者今度支那御視察の処恙無く御帰鮮の趣拝承仕り邦家の為奉慶賀候。曩に貴地御通過の節は合憎留守中にて失礼申上候に付ては取不敢右御詫旁御挨拶迄如斯御座候。敬具

金明濬

守屋栄夫様

봉투앞면 東京府下瀧ノ川西ヶ原七四　守屋栄夫殿　봉투뒷면 朝鮮京城積善洞　金明濬
원사료번호 86-352-26

10 | 1932. 12. 22.

謹啓 酷寒之候邦家多事多端の際益々御清穆の段奉慶賀候。陳者本年中は多大なる御高配に預り御芳情洵に奉鳴謝候。別途粗品は甚だ乍僅少歳暮の表として謹呈仕候間御■領の栄を賜はり候はゞ幸甚の至りに奉存候。先は御伺旁一筆呈上仕り候。 敬白

昭和七年十二月二十二日　　　　　金明濬

守屋栄夫閣下侍史

봉투앞면 東京府下瀧野川町西ヶ原七四 守屋栄夫閣下侍史 봉투뒷면 京城積善洞三一二 金明濬
원사료번호 84-14-37

11 | 1933. 6. 7.

拝啓 時下向暑の候益御健康の段奉慶賀候。陳者今回中枢院参議改選せらるゝに際し相図らず小生尚再選に当らせしは全く平素懇篤厚い御高配に煩りし賜と奉存り誠に感鳴の至に御座候。尚石明瑄[60]の新選せられたるゝは尚本会と共に同慶に不堪次第に有之候。爾今益奮励し其の職責を全したく存候。先ずは右報告申上旁御礼申上度如斯御座候。敬具

六月七日　　　　　金明濬

60 석명선(1870-?) 참여관, 중추원 참의, 국민협회 총무.

守屋栄夫殿

봉투앞면 東京府下滝野川町西原七四 守屋栄夫殿 봉투뒷면 京城太平通二一二六六 金明濬
원사료번호 83-6-35

10. 金英鎮[61]

1 | 1925. 12. 16.

粛啓 時下冬寒の候益御清栄之段奉大賀候。陳者沈福鎮君は其の筋の認可を受け今回内地視察感興録なる書籍を刊行するに当り閣下の御題字を渇望致居候処仝人は忠南保寧郡の両班にして大正九年内地視察団に加はり東上の際斎藤閣下の御引見を蒙り且つ三緑亭に於て御饗宴後視察を了し帰鮮後に対する閣下の御懇篤なる御注意を辱ふせし人物に有之候。今回の著書も其の当時の視察事項及大正十一年再び内地視察を遂け其の見開したる事実に自己の感想を叙したるものに有之候処其の文体は諺文を以てし漢文の傍訓を施したるものに候へは知識階級以下と雖之を通読諒解し得る平易なるものに有之。従て之か刊行の暁は内地の実情に疎き下層階級に内地の実情を諒解せしむる上に頗る有効のものと信しられ候に付ては御煩多中洵に恐縮に候へ共本人の願意を御許容被下何卒御執筆を賜はり度奉願上候。乍末尾閣下の御健康を奉祈上

61 김영진(1876-1947) 함북 참여관, 경북 참여관, 전북 참여관, 중추원 참의.

候。敬具

大正十四年十二月十六日　　　　　　金英鎮

봉투앞면 東京市外瀧野川西ヶ原七四　守屋栄夫閣下　봉투뒷면 朝鮮全羅北道全州八達町官舍 金英鎮
원사료번호 85-10-72

2 | 1926. 12. 25.

粛啓　時下寒気難凌御座候処御気嫌如何に渉せられ候哉。平素御疎遠に打絶失禮の段幾重にも御宥恕被下度奉願候。扨て別途郵便にて御送付申上候雁は御嗜好にも適ひ宜敷と存じ候へ共歳末御見舞の印として乍軽少差上申候間何卒御笑納被下度願上候。年内余日少く或は之にて失礼仕る哉も難計、何卒御安泰に御越年遊され度。先は歳末に際し御機嫌御奉伺申上度如斯に御座候。敬具

十二月二十五日　　　　　　金英鎮

守屋栄夫　尊台　侍史

봉투앞면 東京市外瀧野川西ヶ原七四　守屋栄夫殿　봉투뒷면 全北全州 金英鎮
원사료번호 85-3-8-1

11. 金永哲

1 | 1928. 2. 8.

謹啓 時下仲春益々御健勝奉大賀候。さて衆議院代議士の候補者に御立候由近頃新聞紙にて承知先は大慶に奉存候。近年社会政策益々実現さるるに伴ひ在内地朝鮮人にも著しくその均霑の恩恵を蒙るに相成候事此実朝鮮を諒解宥撫する閣下の御厚意に依るにあらざれば如斯功績現われ来たるにあらずと存じ候。だ■有数の立候補者ある如き多数なる選挙区なれば定めては骨折るゝことなるべしとは察せられ候へとも盤根錯節に向ひて利器を揮はるゝ御得意の程も亦想像せられざるにあらず。何にしせよ邦家と民家の多年多難なる我が政界の為千万自愛す御奮闘あらせられ御当選の御栄冠をおかちえらるゝこと切に奉祈候。選挙法に差支無之候はゞ御回答次第に及ばず乍ら早速拝趨身命を賭じても御恩の万分の一ても酬ゆる覚悟有之候。余は拝芝を期し先は御祈詞迄得貴意度。

昭和三年二月八日　　　　　　小生　金永哲

守屋先生閣下

봉투앞면 府下瀧野川町西ヶ原七四番地　守屋栄夫先生閣下　봉투뒷면 府下王子榎町三〇五番地 先生御留守ていらされば選挙事務所へ御送付被下度。　金永哲

원사료번호 10-103

12. 金完燮

1 | 1922. 4. 3.

謹啓 先日御出立後途中無事御着京の事と存じ奉り候。発車時間を承知せざりし為御見送りも致さず甚だ御無礼に渡り候。何卒御宥恕の程願上度尚貴官東京御滞在中は不一方御芳志を蒙り有難く存じ奉候。御下され候写真帖は永久の紀(ママ)念と致べく見る度毎に貴官の御厚意を感謝奉り候。東京は桜花今方に満開加ふるに平和博凡て別天地の如く思はれ候。古人毎逢佳節倍思親と実に社会競争の敗弱者として図書館の片隅にて落伍隊の椅子を独占し六法を相手にして権威を争ひ飽けば漢詩等を試みて一種奇妙なる心理に支配せられつゝ日を送り居候。小生の如きも此か故国を思ふの念日に増候。尚願くは将来も相不変御愛顧下され度く切に御依頼申上候。別紙東遊所感を題して漢詩一首同封し貴官の御健康を永遠に祈り奉り候。先づは御礼傍々御詫申上度如斯に御座候。敬具。

大正十一年四月三日　　　　　　金完燮

守屋秘書官閣下

漢詩「東遊所感」添付

봉투앞면 朝鮮総督府内守屋秘書官殿 親展 봉투뒷면 東京市麹町区中六番町四九金剛洞内 金完燮
원사료번호 79-7-42

13. 金在瀅

1 | 1920. 2. 11.

拝啓 時下寒冷之候。貴下益々御清祥御被遊候哉遥に一寸御伺ひ申上候。扨て小生は去る三日東京を発し今は無事に帰宅致居候。乍憚御放念被下度候。就ては御蔭様以て長き間恋しき親を相対面致欣喜之至りに御座候。御恩の萬分の一は後日粉身砕骨と雖必ず御報ひ申上候。先ずは安着之報迄 草々敬白

二月十一日 金在瀅 頓首

봉투앞면 東京市本郷区上富士前町五 守屋栄夫殿 親展 봉투뒷면 朝鮮慶北安東郡法尚洞一七九 金在瀅

원사료번호 81-647

14. 金漢睦[62]

1 | 1926. 1. 5.

拝啓 春寒尚厳き処益々御清勝の段大慶このことゝ存候。小生は御陰様にて昔日の通り中枢院にて無事勤務致居候間乍他事御安神被下度候。回

62 김한목(1872-1941) 충북 참여관, 중추원 참의.

顧致候へば已に疇昔のことに候も御在鮮中は公私格別御懇情を給はり今尚感銘の至りに御座候。爾来事情も有之一向御無沙汰致し洵に申訳無之候。何分御海諒の程願上候。偖て別紙履歴書の者は小生の息子にして今春普成法律専門学校商科を卒業すへき筈の処朝鮮に於ては就職難甚しく未た就職口を確定するに至らず実に憂ふへきことに候。 閣下に於ては夙に朝鮮の事情に御精通せられ尚小生の境遇に付ても聊か御諒察せられゝことゝ存候。何卒御引立を蒙り度願上候。本人の希望も銀行会社方面に候へは朝鮮殖産銀行御勤の御令季へ特別の御箋書を賜り同行員に採用せらるへく御依頼被下度如斯御座候。頓首

大正十五年一月五日　　　　　　金漢睦

守屋大人閣下

金仁龍履歴書添付

봉투앞면 東京府下瀧野川町西ヶ原七四　守屋栄夫閣下　親展 봉투뒷문 京城光化門通一 ヒ 金漢睦
원사료번호 78-23-52

15. 金漢秀

1 | 1932. 12. 13.

謹しんで申し上げます。あまり我儘な事をお許し下さい。今迄てあまり自分のだらしなかった事に自分ながらもあきれてしまった程で

す。此れは色々な原因もありましやうが周囲の人々からいつもかわいがられるのでいつのまにか人をたよる性質が習慣づけられたのです。此の性質が段々と身にしみ込んでだらしない自能力のない弱い者となったのです。過去を精算しやうといつも思つてはみましたけれども自分の弱い心ではどうする事も出来なかったのです。又周囲の人々から指をさゝれるのもたへられなかつたのです。今度は硬い硬い決心をしました。最後としてやつてみます。過去をすっかり精算します。勇気を百倍しております。此処はだれも知つている人は居ません。今度又自分といふ者を改心させる事が出来なかったならばもう僕は人間の価値は有りません。人生の敗北者です。敗北者の取るべき道を断然ととります。過去三年間先生の無言の愛情を僕は充分に味つておりました。が、唯僕は先生にお御心配ばかりをかけてああすみません。先生御許し下さい。唯僕が先生を思ふ心だけは永久に変りません。過去をすつかり清算して真の勇気ある人間になつた時に又先生の御腕にいたかれます。其の時には本当に僕を御許し下さい。

一九三二年十二月十三日　　　　　金漢秀

守屋先生

봉투앞면 守屋先生 봉투뒷면 金漢秀
원사료번호 84-14-27

16. 南基允[63]

1 | 1928. 2. 8.

拝啓 時下益々御清祥の段奉恭賀候。陳者各新聞に就て拝承すれは閣下には今度帝国議会議員にして立候補せられ候に付ては大に奉慶賀候。不取敢蕪辞を以て御栄誉の祝賀申上度如斯に御座候。

昭和三年二月八日　　　　　　南基允

守屋栄夫閣下

봉투앞면 東京市外滝川町西ヶ原七四 守屋栄夫閣下 봉투뒷면 朝鮮黄海道長淵郡庁 南基允
원사료번호 7-147-139

2 | 1929. 3. 11.

拝復 御尊母様には豫而御病臥御静養中の処折角万全の御療養も無効遂に幽冥界を異にし御永眠被遊候趣拝承御深愁之程奉遠察候。実は拝趨御悔詞可申上之処山河萬里書中意難尽残懐此事に御座候。別封甚乍失礼香資として御霊前に供進致度御受納被成下候はは仕合に奉存候。先は右不取敢御弔詞申述度如斯御座候。不備

三月十一日　　　　　　南基允

---

63 남기윤(1879-?) 은율 군수, 안악 군수, 송화 군수, 장연 군수.

守屋栄夫殿

玉案下

봉투앞면 東京市外瀧野川町西ヶ原七四 守屋栄夫殿 봉투뒷면 朝鮮黃海道長淵郡庁 南基允
원사료번호 9-11-3

17. 柳承欽[64]

1 | 1926. 12. 23.

粛啓 其後は乍不本意御無音に打過誠に申訳無之御座候。時下残寒之候御尊躰益々御清栄之段奉大賀候。目下第五十一議会も既に開会され将に政務多端の砌大に国家之為め御尽瘁の御事と拝察申上候。降而小生は以御蔭無事消光致居り候間乍他事御放念被下度候。陳者時秋欧洲より御帰朝途中京城御通過之際小生は郷里に居り知らず故拝顔之機を逸したるは誠に遺憾に堪へさる次第に御座候。扨て貴兄は当時特別なる御明鑑を以て小生を草野より抜擢し折角出世せしめたる事は獨り小生の身に余る光栄のみならず同志間に於ても尠らざる影響を及ぼす事と感銘し一身を捧け奉仕したれ共何等の成績をも挙げずして辞職せざるを得ざりしは内国の事情かありと雖も推薦者たる貴兄に対しては誠に申訳無き事と存し居り候。然し右辞職するに至りし内容は小生か職責

64 유승흠(1876-?) 함남 참여관, 중추원 참의.

を全ふせざるにあらずして貴兄が中央へ御栄転なされたる後豈計らんや誰一人も小生を後見する人なき機会に窠じ大塚氏が一方自己昵近者を登用し以て勢力扶植に汲々とし一方小生を貴兄系統者と認め中傷の暗矢を放ちたる故にて誠に憤激に堪へざる次第にて御座候。早速此事情を申上くる筈なれ共官を止めたる後直に故下岡[65]総監に於て大塚氏の無智なるを看破し明瞭に右事情を洞察の上近き日に復職さすべく言明し又総督閣下に於かれても深き御同情を以て御庇護を賜はりし為め其儘黙を守リ待ち居り候処不幸にして下岡氏は既に故人となり現には藤原[66]秘書官及松村事務官両氏が総督府に居り尠からさる尽力をせらるゝ様なれとも只両氏の力のみては微弱の感なき能はず候間政界多事之際甚た恐縮には存じ候へ共貴兄より将に湯浅[67]新総監に御委嘱なされ小生をして再び官界に入り多少なりとも自分の抱負と信ずる処を施し以て最初御推薦の本旨に副へ得る様偏に御願申上候。先つは右御伺旁御依頼迠如斯御座候。

敬具

大正十五年一二月二十三日　　　　　　頓首　柳承欽

守屋部長閣下　侍史

봉투앞면 東京市内務省社会局第二部　守屋栄夫閣下　御親展 봉투뒷면 朝鮮京城寬勲洞一八一 柳承欽
원사료번호 78-23-10

65 시모오카 주지(下岡忠治, 1870-1925) 정무총감.
66 후지와라 기조(藤原喜藏, 1888-1956) 총독 비서관.
67 유아사 구라헤이(湯淺倉平, 1874-1940) 내무관료, 정무총감.

2 | 1927. 7. 17.

拝啓 時下酷暑之候愈々御健勝被遊候段奉大賀候。小生儀以御陰無事消光仕り居り候。陳者其後乍不本意御無沙汰打過段改御海恕被下度候。扨て先年来始終御配慮を煩し居候小生復職の件に付ては総督府幹部内に於ても相当其議熟し居り昨年中には多少の異動もありたるも当時は競争候補者の勢力余り強き為遂に後回しとなり、只管次期の到来を待ち居り候所最近不幸にも平南道参与官李鍾國君の逝去に依り突如一窠の欠員を相生し候へとも相憎従来最も愛顧を賜り同情深き斎藤総督及藤原秘書官不在の為他に頼る処なく又復の楽観を許さず候に付甚た焦慮致居候。松村秘書官は素より小生に対する同情深き方にて目下宇垣総督に随ひ上京中に候はば此際閣下より同氏に対し篤に一言の御依嘱を為し被下ば定めて成功の見込確実なりと存じられ候間御多用中甚た恐縮に候共何卒最初草野より御抜擢なされ候御芳志と中途故なき一跌を御救出の御恩召を以て是非此機を逸せざらん様切に御願申上候。先は右暑中御見舞旁に御願申度如斯御座候。敬白

昭和二年七月十七日　　　　　　頓首 柳承欽

守屋部長閣下 御侍史

봉투앞면 東京市内内務省社会局第二部 守屋栄夫閣下 御親展 봉투뒷면 朝鮮京城寬薫勳洞一八一 寓柳承欽 私信
원사료번호 78-23-25

3 | 1930. 1. 10.

謹賀新年 客年依頼微痒療養の為め地方旅行に付年賀状遅延失礼の段御高諒被下度申添。

昭和五年一月十日　　　　　　柳承欽

봉투뒷면 本宅 朝鮮咸興郡鄕校里三五寓居 京城寬勳洞一八一
원사료번호 84-1-26

18. 閔丙奭[68]

1 | 1932. 6. 18.

謹啓 陰雲鬱陶敷折柄閣下益々御健勝にて為邦家御奮闘之趣き寔に慶祝に奉存候。過日は小生の代理として洪氏上京其節特に御繁忙中にも不係種々御便宜を御与へ被下候由難有御厚礼申上候。詳細は洪氏より聴取いたし小生も大に満足致し居候。猶将来とも宜敷御磁力を仰き御懇情を蒙り度御礼旁御挨拶■。

敬具

六月十八日　　　　　閔丙奭拝

守屋栄夫殿

---

68 민병석(1859-1940) 이왕직장관, 중추원 고문.

侍史

봉투앞면 東京市外瀧の川西ヶ原七四 守屋栄夫殿 親展 봉투뒷면 京城府慶雲洞 子爵閔丙奭拝
원사료번호 84-13-6

2 | 1932. 11. 17.

曩者 台駕渡鮮 幾日
敍懐遽屬三秋 遙望雲
樹 我思悠々 謹惟小春
台體 益々淸穆 公務不
至欠安 臨風馳神 殊
切願聞 閔丙奭老軀依
遣 第向日以鄙家整
理 多荷 指劃 庄司君
閱月從事於案本 今
至脫稿 用務與洪奭泳
帶去 以備 閣下一覧
後 尚頼依指導 期圖
所以好結果 千萬 仰祝
大抵鄙家之維支 在此
一擧 幸須與松村閣下
更加努力 周旋於斎藤

水野両閣下之間 想不待

此覼縷 然不能無憧々

如是不知止 甚悚甚悚 詳細

都在庄司奭泳口述 略

此不戩 惟希

統亮

昭和七年十一月十七日　　　　　　閔丙奭

守屋議員閣下

再

今般庄司君之獨賢勞於

鄙家整理案 其費神努

力 此專出於

閣下及松村閣下 爲我慈悲

之惠 尤不勝感激万々

봉투앞면 守屋議員閣下洪奭泳持参 봉투뒷면 京城府慶雲洞八九　閔丙奭
원사료번호 83-4-33

3 | 1932. 12. 26.

謹啓

冬候温和 伏維

台安 遠溯不任 第頃者 台

駕渡鮮 多蒙 御勤念 其所

感銘 難以形喩 尙望終始

閣下之努力 周章期有實

惠實效 千萬企祝 今行庄司

想應細述事狀 略此不備 仍

祈 台照亮

昭和七年十二月二十二日　　　　　閔丙奭

守屋議員閣下

봉투앞면 東京市瀧野川町西原七四 守屋衆議院閣下　親展 봉투뒷면 京城府慶雲洞八九　閔丙奭
원사료번호 84-14-36

19. 朴命錫[69]

1 | 1933. 11. 11.

謹啓 先生閣下におかれては拝眉以来相変御座無く御健に御起居の御事と賀し奉ります。就きまして先日は拝眉の栄を賜はり其上一々御尤なる御訓き下さいますなと全く破格の光栄に浴し得まして卑生が光栄の至りと存じ居ります。卑生の如き卑職浅才か我国政界の重鎮として全国的に声望をおあげになり朝鮮官界におかれても少からず御関

69 여주보통학교 훈도.

係をお持ちの高位顕職の閣下に拝眉し親しく其の御温容に接し得ましたとは卑生が恩師武井先生御尽瘁の結果とは申せつまるところ先生閣下御仁徳の至りと存じて居りまして深く感銘致して居ります。御面悟の節『忠実性は乏しき奉職念を慎しめ云々』の御教訓は卑生の肺腑を指す御尤の御指教で御座いました。転職者への戒めと卑生深く心に刻み込んで居ります。此度卑生が転職を希望して居りますは、就職難不景気の折柄まことに申上げ兼ねる勝手かましきことではございますか卑生の現職教員の収入毎月本俸きりの四十五六円そこそこでは如何に生活をきりつめましても妻帯に一男一女といふ四人家族の生計が立てません。勿論貯蓄といふことは思もよりません。地方財政の膨張につれましてはおろか退職後生活が保証されません。まして退職後使ひところのない邑面吏員にもなれぬ不具者同様の悲惨に陥るのことにおいてをやで御座います。これに引きかへまして行政庁の属官に私と同年任官されましたものゝ例を見ますのに彼の初任給は二円少い十一給俸四十円では御座いましたが今や六十円となつてゐますそれに彼等には旅費といふ多大の収入が御座いますので彼は退職しても子弟の教育生活の保証が確立されてゐます。尚又行政庁奉職者は退職しても道府庁の地方吏員に或は産業団体に邑面の幹部級に就職されて行きますやうで御座います。卑生が転職の困難を知り尚其の危険なるとを知りつゝ敢へて之を成遂げやうとする理由はそれ退職後生活の保障にございます。そこで卑生が普文を経て転職へと焦慮致しますのは単なる血気の気分まぎれでは御座なく微々といへ卑生一家安危を慮りたる熟慮決断の結果で御座います。何んで浅はかな振舞に見える再転職を目論見みませうか。お恥しいするに接せしときはあまりの各段違の尊卑に閣下先生の御威容に威圧せられまして敢て卑生の此の心事が申し上げられなかつたので御座います。武井先生も卑生の切情を遂には諒せられまして心当の方々へ御照会の煩をとられましたけれども地方庁の理事官、課長方のお心尽しでは一権限に及びかねる(こ)とをお察しの上最後に此方ならと先生閣下のお手を煩はせた次第かとひそかに拝察致して居ります。卑生は遂に景仰の標的先生にお目見得の光栄を勝ち得ました。卑生が一家無上の光栄で御座います。卑生はかねてより先生在鮮在官時代の御功績並に現在の御要職を拝し且先生の御将来を我国政界が嘱目致して居るのもうすうす拝察致して居ります。さうして先生の御一言が朝鮮官界では殊に確実性を持つことも深く確信致して居ります。愚拙非才の無援に此度拝顔の一大快事は卑生か一生をかざる一画大事と欣幸致して居ります。此度のことも卑生は前例のない企待して吉報を伏してお待ち申して居ります。転職先は出来得べくんば京釜路線で先生閣下御渡鮮の折には拝顔の余栄に浴し得るところなら卑生の所望達せりと偏に思ふて居ります。尚卑生の前途は先見えの微寥のものでは御座いますが若い元気で独学修養をつみ御春顧に与りたる栄誉をそこはぬと思ふて居ります。それにつきましてもこの度の御尊顔を拝せるを機に致しまして将来とも御教導の光栄を捺はせて戴きたく懇に願ひ奉ります。卑生に破格の拝眉の栄を賜はりその上卑生の身の上に関し一方ならぬお情を垂れて下さいましたことを謹んで謝し上げる次第で御座います。右謹で申上げます。

十一月十一日　　　　　朴命錫

守屋先生尊下

朴命錫の履歴書添付

봉투앞면 京城府長谷川町朝鮮ホテル二七号　守屋栄夫先生貴下　御直披 봉투뒷면 驪州邑内　朴命錫
원사료번호 84-29-14

20. 朴鳳九[70]

1 | 1923. 5. 7.

謹啓　時下向暑の砌御旅行中益々御清栄の談奉慶賀候。陳者時々御旅行先の御動静を御伺申上度候得共事情已を得す遂ひ御無沙汰致居候間何卒御海容被下度候。御旅行中一日の如く御健康に被遊度切に希上候。頓首再拝

五月七日　　　　　　　　朴鳳九

守屋庶務部長閣下

守屋栄夫閣下

黄海道遂安郡　朴鳳九

暑中御見舞申上候。御旅行中御健康切に祈り申上候。頓首

七月十六日　　　　　　朴鳳九

70 박봉구(1879-?) 수안군수, 신계군수.

守屋庶務部長閣下

봉투앞면 Mr.S.Moriya. c/o London Representative, The Bank of Chosen, Palmerston House, 34 Old Broad St. London, E.C.2, England.
守屋庶務部長閣下　黃海道遂安郡　朴鳳九　(5월7일자, 7월16일자) 2통이 봉입되어 있었음.
원사료번호 80-40-1-25

2 | 1925. 12. 17.

寒中御見舞申上候。次に小生儀は本月十四日付退官御発令せられ本月初本地離れ何処か住所を定め更に御報告可致候。尚小生儀の荊妻本年自ら養蚕し製造致候。真綿誠に粗末て却て御無礼に御座候得共御見舞の節迄少許差上候。何卒御容納被下度御願申上候。敬具

十二月十七日　　　　　　朴鳳九

守屋第二部長閣下　侍史

봉투앞면 東京府下瀧野川町西ヶ原七四　守屋栄夫閣下 御親展 봉투뒷면 黃海道新溪郡新溪邑 朴鳳九
원사료번호 85-10-28

3 | 1926.

二伸御都合次第の御入用に供し度履歴書一通差出候。朴鳳九履歴書添付

봉투앞면 東京府下瀧野川町西ヶ原七四　守屋栄夫閣下 봉투뒷면 朝鮮黃海道延白郡延安面舘泉里六六一一 朴鳳九
원사료번호 78-23-59

4 | 1927. 1. 1.

国葬中に付新年の賀御遠慮申上候

昭和二年一月一日　　　　　　朴鳳九

봉투앞면 東京府下瀧野川町西ヶ原七四　守屋栄夫閣下 봉투뒷면 京城府安国洞一三〇 朴鳳九
원사료번호 85-3-8-7

5 | 1930. 12. 5.

謹啓 時下冬暖の候益々御清穆候段奉慶賀候。扨て品誠に粗末に御座候得共任地土産故御目にかけ申候間御許納下され度候。右は御起居御伺申上度如斯に御座候。頓首再拝

十二月五日　　　　　　朴鳳九

守屋代議士閣下　侍史

봉투앞면 東京府下瀧野川町西ヶ原七四　守屋栄夫閣下 봉투뒷면 京畿道喬桐 朴鳳九
원사료번호 7-147-1

6 | 1933. 5. 18.

謹啓 時下薄暑の砌に御座候処愈々御清栄候段奉慶賀候。扨て閣下の御動静はあかるい政治を読て存じ奉り候。尚御令息様本年九中御入学候由実に欣快に堪えさると同時に深く御祝申上候。誠に粗品且つ軽少にて恐縮御座候得共当地の名産故鰕卵少許御目にかけ申候間御容納被下度候。本品は従来朝鮮貴人の食物(主に酒肴)にして内地人方にも御試食せられ候由に御座候。何卒御賞味下され候はは有難仕合に御座候。右は御起居御伺申上如斯に御座候。敬具

五月十八日　　　　　　朴鳳九

守屋栄夫閣下 侍史

봉투앞면 東京市外瀧野川区西ヶ原町七四 봉투뒷면 京畿道喬桐 朴鳳九
원사료번호 84-27-6

21. 朴重陽[71]

1 | 1921. 10. 21.

拝啓 別封総督閣下宛書面御一覧之上御伝置御願申上候。拝具

十月二十一日　　　　　　朴重陽

71 박중양(1874-1959) 충남 도장관, 황해 지사, 충북 지사, 중추원 칙임참의.

守屋秘書課長殿

봉투앞면 京城官舍 守屋秘書課長 봉투뒷면 海州　朴重陽
원사료번호 5-29-26

2 | 1926. 4. 16.

敬啓　接華函大安を知り欣喜に堪へず候。先日総督総監帰任の時藤原秘書課長及小河[72]秘書官より承り候へば例の内申書類は今尚法制局にありて主任事務官に於て今一度詮議する云々幾分か総督府側の主張に近付き来たりと又書記官長病気故直接交渉出来ず云々に候間此の際特に御盡旋くたされ候御願申上候。当慶尚北道伊藤勧業課長は閣下在鮮当時の御部下にありし人に有之。小生と談話の時には閣下の御噂なんと致居候。就ては伊藤勧業課長に於て盡力せば出願中の二三ヶ所の漁業の認可を得て幾千円かの収入を得る見込に御座候。伊藤氏へ一書裁送。小生の為め特に配意ある様御頼被下度願上候。尚伊藤氏は「シンゾウ」の悪るいのに「コルフ」運動に熱中する嫌あり。小生より時々忠告致居候。閣下より御序に劇しき運動を為ざる様注意を与へられ度候。令夫人様へ御鳳声あり度御願申上候。敬具

大正十五年四月十六日　　　　　　朴重陽拝

守屋仁兄　閣下

72 오가와 마사노리(小河正儀, 1894-1977) 총독부비서관.

봉투앞면 東京西ヶ原瀧の川 守屋栄夫閣下 親展 봉투뒷면 大邱砧山 朴重陽
원사료번호 85-3-2-17

3 | 1926. 6. 18.

謹啓 御無沙汰致居候。小生は去八日上京国葬参列昨日帰邸致居候。当地には目下大麦収穫の最中農民等の農酒に酔ひ農歌を歌ふ太平の相農村直■は城市の喧囂と其趣有異聖世に浴する活畫を見る快心に堪へず候。国葬の日幾名かの青年輩妄挙ありて新聞なんとには余りに大きく伝へたる嫌有之候へとも彼等は何等力ある連絡あるにあらず。全く雛鶏の作戦に似たり。歯牙に掛ける程の要もなき出来事に御座候。聞く所に拠り候へば咸鏡南道知事金寛鉉

[73]君辞表提出。従つて幾名かの更迭ある由に候。小生予てより希望申候支那行の件急に実現する能はずとせば鏡南知事に復帰を総督宛願ひ置候。此の際特に御援助を賜はり度御願申上候。吾兄より親しく総督へ一書裁送あり度希望に堪へず候。先日は小生の為伊藤産業課長宛貴書難有度御礼申上候。二三ヶ所漁場を得ば相当収入あるべしと喜ひ居候。令夫人様へ宜敷しく御鶴聲を乞。敬具

大正十五年六月十八日　　　　朴重陽拝

守屋閣下

73 김관현(1877-1948) 충남도지사.

봉투앞면 東京西ヶ原瀧の川 守屋栄夫閣下 봉투뒷면 大邱砧山 朴重陽
원사료번호 85-3-5-4

4 | 1926. 9. 2.

敬啓 暫らく御無沙汰致候。近日東都風物如何に御座候や。日々甲構乙誣俗悪事を以て新聞紙に満載せるを見る。是れか政治家等の行事なるやを思へば誠に情なく思ひ候。当地には土地改良事業実現するに至たり幾分活気を増し候。土地改良事業は正に朝鮮の為福音に候。斯事業の有始有終の美果を得る様祈居候。多年問題たりし鉄道計画も立案発表を見るに至たり候。無難通過するを切望に堪へず候。鉄道計画に鎮海湾を起点とする大邱忠州等地を経て京城へ至たる中央線の除外せるは遺憾に堪へず候。殊に東海岸線の如きは軍事上より見て急設を要するやも知らず候へ共経済上より之を見るとせば中央線は東海岸線より数等優勝の地に有之候。御承知通朝鮮海沿岸は人烟希少航海者には寂幕を感する位に候。農産物以外に未た見るへきとく産品なき朝鮮の事とて殼郷にあらざれば人戸稠密なる部落なし。貧弱なる郡邑以外に部落零星の東海岸線を中央線より先きに敷設するは順当にあらさるへしと思考致候。既に咸鏡線竣成に近付きたる今日軍事上より見て急設を要するなら敢て論するに及はず候へとも経済上より打算せば先きに中央線を敷設すへきは云ふ迄もなき事に候。今回発表せん計画案は責任ある人の手に依りて調査作成したるへしと雖決定するまて慎重比較考査の要あると思考致候。何れにしても鉄道計画実現を見る日には土地改良事業と共に朝鮮ありて始めての快事に候。湯浅氏は下岡氏の努力に墜らず最後の目的を達し得へきやは疑問に候。損をしてまても鉄道を敷設するは難事に候へとも政府が国家的見地より必要線を敷設するに最善を盡くすは当然の義に候。況や朝鮮に於てをや。朝鮮を宜く御承知の兄等の御盡力を乞。先日張憲植[74]、金寛鉉、金潤晶[75]等辞面韓圭復[76]は忠北へ朴相駿[77]は江原へ兪星濬[78]は忠南へ何れも後任知事として任命有之。金英鎮の落選は同情に堪へず候。金英鎮は早稲田出身多年郡守として治蹟あり。参与官として晋州、大邱、全州各道へ歴任知事として申分なき有資格者に候。其父金玉均の故事を偲ふ人情より考察するも資格ある金英鎮を先きに採択すへきものと思考致候。殊に兪星濬の如きは従来総督政治に反感を有し表裏反覆自己本位の人にして抜一毛而為天下事をも為ささる怪癖を有する偏狭性者に候。而も六十七歳の老齢にして参与官を務めたる以外には地方行政に実際に於ける経験なき此人を今日の知事に任用するは全く意外に候。総督総監の公平振り其心術を疑はさるを得す候。其間に特別事情なき限狂人の芝居を見るが如き感致候。斎藤総督も萬年総督たの無為総督たの漸次不評判に候。斎藤総督の下には水野、下岡氏の如き人物を配合し始めて斎藤式を発揮し得へきものと存候。目下斎藤総督の左右に直言の士なきを遺憾に存候。斎藤総督をして有終の美を得せしめ度希望に堪へず候。湯浅

---

74 장헌식(1869-1950) 충북지사, 중추원참의, 이왕직장관

75 김윤정(1869-1949) 충북지사, 중추원 참의.

76 한규복(1881-1967) 경북 참여관, 충청북도지사, 중추원 참의.

77 박상준(1877-?) 강원도지사, 황해도지사, 중추원 참의.

78 유성준(1860-1934) 농상공부 회계국장, 충청북도 참여관, 중추원 참의.

総監は今の処ては可もなくふかもなし。先つ名橋を敲いて渡る性質の人に見へ候。要するに事務官的の人にして政治的手腕は未知数の人に候。兎角今日の総督政治に倦怠の色あり。一大革新を要する時期と存候。吾兄はどうするのてすか。憲政会内閣の消極的政治を永続するのも困つたことに候。彼の郡制廃止は理論上必要あるにしても今日之を実施するは果して時期てあらうか。又警察署を減少し以て利得する利益と警察官署を縮少せる結果有形無形に生する損失とを比較せば何れが大なるや。長野県の事件の如きは支那にはありそうな事に候へとも朝鮮にもなき事に候。抑内政整理固より大切なるへしと雖自から手足を切断し井底蛙に満足して対外策の発展を見る能力はさるは帝国前途を思ひ憂慮に堪へず候。第一に支那問題を解決し得て始めて我帝国百年安泰を見るへしと信候。満洲に流浪する朝鮮人問題も朝鮮も朝鮮総督にのみに任せず中央政府に於て施圖宜敷しきを得て最善を盡くすへき問題と思考致候。今や政界の一変を要する時期と存候。吾兄よ水野氏等を援助協力し政局の新生面を打開する様希望に堪へず候。差当り政界の局面を変改するには政友会政友本党の区々たる感情を棄て大観の下に大同団結を為すにありと信候。為邦家御努力を御願申上候。敬具

大正十五年九月二日　　　　　　　　朴重陽　拝

守屋仁兄　榻下

봉투앞면 東京西ヶ原瀧の川　守屋栄夫殿 親展 봉투뒷면 朝鮮大邱砧山　朴重陽
원사료번호 85-3-7-15

5 | 1927. 11. 11.

謹啓 三年振り東都に渡り知人先輩を訪問し懐旧談新の愉快は未た忘れる能はず候。殊に閣下とは久振り漫音に接し種々御親情を賜はれる御高誼は永久に記憶致すへく候。小生は再昨日無事帰邸致居候。何卒御釋■被下度願上候。就ては御依頼申し候。林八用就職の件に付特別御配意を賜はり度重ねて御願申上候。令夫人様へ宜敷之御鶴声を乞。

十一月十一日　　　　　　朴重陽拝

守屋閣下

봉투앞면 東京西ヶ原滝の川　守屋栄夫閣下 봉투뒷면 大邱砧山 朴重陽
원사료번호 85-9-24

6 | 1927. 12. 12.

官界の気分は極端に弛緩しあり。此気分を一新するには旧人物を淘汰する外にあらず。旧人物にも用ゆへき人材あり。総督赴任後人物試験を行ひたる後更迭を行ふとせば予想外の支障を来し且種々弊害を招くへし。総督赴任後人物試験を行ふ心算にあらば新らしき総督総監までが旧人物より伝染さる虞あり伊藤統監赴任の時には統監府の新らしく組織せり寺内総督赴任の時には赴任前各部長長官及各道長官の大更迭を行ひたり。長谷川総督赴任の時には官吏の更迭一名もなし斎藤総督赴任の時には水野政務総監は直系心腹の人を多数率れて来れり。世人の批難喧騒に耳を籍さず信する処を断行すへし。今日の官界に種々なる系統を引き種々なる言動を取る雑輩を清掃せされば前途困難なるへし。総督総監に対し巧言阿諛するも裏面に於て皮肉的反動を為す部下を置くは体内に黴菌を隠くすのと同一なり総督は意気相感する心腹の部下を揃へる必要大にあるへし。行政は戦術と大同小異なり。部下将卒を引き敵地に向ふ心持を以て行かば万全を策なるへし。勅任級を先きに更迭を行ふこと。赴任前決行すること。赴任後人物試験を行ひたる後には顔「なじみ」となり情理に拘はれ決心も鈍くなるへし。部局長及各道知事の人物を一新する必要あり。総督総監は朝鮮に於ける官界の人物を知らさるへし。朝鮮事情に精通せる人と協議する必要あり。相談相手となるへき人を得るに至難なるへし。別紙御覧に入り候。

拝啓 総督の更迭を見るに至たり欣快に堪へず候。但し斎藤閣下に於て辞官の時期を誤れるを愛惜に存候。殊に水野氏の来任なきを残念に存候。今日とありては愚痴見度きことを云ふも詮方無之候。就ては何ゝ人が総督になるにしても新らしき人を迎へたたけても極端までに弛緩せる官界に刺激を与へる大なるものあるへしと信候。小生も此の際出馬致度候間特に御盡力を御願申上候。此之際新任総督を補け改新を各々小生の抱育せる幾分を揮せる後満一ヵ年位にて辞官の上毎日申報を経営し支那に往復の出来る様連鎖ある何にかの枢要処を得度慾望を持有し度候。其れには是非とも御盡力に依り内務局長の地位を得度候。一地方官ては今日を改革し将来を経営するに目的を達する不可能に候。水野氏へも送■願へ置候。何卒吾兄より水野閣下と御相談なされて小生の目的を達し得る様御願申上候。此の際水野氏に於て盡力してく

たされば可能性充分あると思考致候。敬具

昭和二年十二月十二日　　　　　　朴重陽拝

守屋閣下

봉투앞면 東京西ヶ原瀧ノ川 守屋榮夫閣下 親展 봉투뒷면 大邱砧山　朴重陽
원사료번호 85-7-7-3

7 | 1928. 10. 14.

拝啓 先日は一夕晩餐をともにする斯期会なきを残念に存候。御帰東の事を古橋[79]氏より聴取伝聞致し候。就ては朝鮮の統治状態は御承知の如く困つたものに御座候。何にとか局面を展開致度希望に堪へず候。別紙は極秘の由に付可然御含の上御取計被下度御願申上候。敬具

昭和三年十月十四日　　　　　　朴重陽

守屋畏兄

玉机下

朝鮮に於ける取引所問題は宣伝せん宿題に有之候処聞く処に拠れば株式の組織にて穀物取引所を京城三ヶ所設置し今月末若しくは来月初頃公布せんとの由に候。其真否を確定する能はず候へとも二三万株を申込公布の時に株を確実に手に入れさへすれば直ちに二三十万円の純益を得へしとの話に有之候。若しや二三万株を取得し得る可能性有之候

79 후루하시 다쿠시로(古橋卓四郎, 1883-?) 내무관료, 조선총독부관료.

はば御盡旋なされては如何に候や見込確実の御返答あれば直くに親知の資本家と相談致す心算に御座候。成功の時純益は資本家と閣下、小生三人に三分致す予定に候。兎角一株に五円を払込めば直ちに十円内外の利益を得るとの話に候。

봉투앞면 東京西ヶ原瀧の川　守屋栄夫殿 봉투뒷면 大邱砧山 朴重陽
원사료번호 7-147-90

8 | 1929. 1. 21.

拝啓　日々御繁忙の事と御察申上候。就ては毎日申報を京城日報と分離せしめ小生に於て引受株式に組織し経営致度山梨[80]氏へ数次交渉致候へとも今日に至るまて解決を見る能はず候。目下東上中の池上[81]政務総監へ対し小生の為特に御盡施被下度御願申上候。若しも毎申分立を不賛成に候はば小生を顧問として毎申へ入社せんことに斡旋の労を取らる様池上氏へ御交渉御盡力を御願申上候。最后毎申の交渉不調に候はば目下学務局長李軫鎬氏退官之欠員に有之候間小生を其後任として推挙する様御盡力被下度願上候。田中首相より山梨氏宛に一書あれば実現を見るへしと思考致候。令夫人様へ御鳳声を乞。

昭和四年一月二十一日　　　　　　朴重陽　拝

80 야마나시 한조(山梨半造, 1864-1944) 육군대신, 조선총독.
81 이케가미 시로(池上四郎, 1857-1929) 오사카시장, 정무총감.

守屋閣下

봉투앞면 東京西ヶ原瀧の川　守屋栄夫閣下親展 봉투뒷면 大邱砧山　朴重陽
원문서번호 6-55-13

9 | 1929. 2. 10.

敬啓 朝鮮統治の為朝鮮人の為議会と連戦連闘の御議論を新聞紙上に拠り拝見感謝致居候。池上政務総監の答弁は一も琴線に触れず其善い加減たるを苦笑せざるを得ず候。政務総監の答弁を見て現下朝鮮統治の任に当りたるものゝ不真面目を知るへく候。就中一二例を挙れば道路修繕に赴役を廃止したとか地方事業に寄付金を禁する云々有之候処果して赴役なしに朝鮮の土木行政の完全を得るや否や大に疑はさるを得ず候。赴役に代るの相当額を国費予算に編成する自信と決心あれば兎角も然らざれば赴役を廃止し以て交通貿易の発達を計るは不可能なるへし。又地方事業に寄付金を廃止しては地方官たるもの僅少なる地方費を弄する外に地方発展の為自発的に努力の途なかるへし。従つて官民協力を口癖の如く云々するも其実は官民協力の余地なきに至たるへきは明瞭なり。此等一二例を挙けて見ても総督総監の政治に経験なく無定見にして統治者たるの資格なきを自から証明するものに候。抑政治の目的は民の為盡くすにあり。然るに心になき御世辞を云ふなり当り障りのなき笑顔を見せるは是れ親切にあらず。即ち手を取つて苦き薬を飲ませんなり。時に頭一つも打つのが親切てあつて子を思ふ親の心を以て民を思ふのが其の為政者の心事と謂ふべし。今日朝鮮にソウイウ官吏の居らざるを悲しみ候。貴兄に於ては我が朝鮮と宿縁不浅。何卒朝鮮統治の為引続御盡力を賜り度希望に堪へず候。就ては朝鮮人一二名を貴族院へ送くる事本府部局長並に地方長官を内鮮人半数之採用する事、満洲地方へ居住する朝鮮人を保護する機関を設くる事等に付是非とも御奮闘御盡力被下度御願申上候。敬具

昭和四年二月十日　　　　　　朴重陽

守屋閣下

再伸

例の毎申の件に付池上政務総監へ直接御内談くだされ度若しも思はしく進行を見る能はずとせば局長若ししくは地方官にても御推挙御盡力を御願致します。

봉투앞면 東京西ヶ原瀧の川　守屋栄夫殿親展 봉투뒷면 大邱砧山　朴重陽
원문서번호 6-56-46

10 | 1929. 4. 12.

謹啓 不相変御繁忙の事と御察申上候。就ては如別紙山梨総督宛送書致置候。御参考まで御覧に入れ候。政務総監後任として種々下馬評有之候へとも経験と手腕を有する人を得て統治の任に当られ度希望に堪へず候。朝鮮人政務官を設置することに内定の由に候。小生の為御推挙くだされ度。尚此期会を逸せさる様特別御配慮を賜はり度御願申上候。敬具

昭和四年四月十二日　　　　　朴重陽

守屋閣下

謹啓 暫らく愚見申上ず候。然れとも閣下を思ふの念は与日短長変り無之候。就ては五十六回議会も滞なく閉会を見るに至たり予算案全部の通過を得たるは慶賀に堪へず候。今回議会は実に見苦るしき議会てあり。且難議の議会てあつたと思はれ候。政権慾の熾烈なる今日の状勢ては何人が政府に立ちましても同一結果なるへしと思考致候。政党屋連に於て帝国の前途を思ふ所あれば自覚する事もある筈なのに兎角困つたものに御座候。政府当局は今後政治遂行に挫折することなく勇往邁進し以て政策の目的を達成する一途あるのみと思考致候。閣下に於かれましても御来任既に足掛三年に相成候。閣下には在鮮三年間何に事を為したるやを追憶するなれば自責の念起るへしと御推察申候。小生は閣下を迎へる時には必らすや為す事あるへしと大に期待致居候処遂に期待に反するあり失望せさるを得ず候。小生は閣下に対し期待の大なるものがあるたけ其れたけ失望も大に御座候。朝鮮統治の現状を露骨に論するとせば斎藤総督に解任を力説し閣下を迎へたれは何等の意味をも為さず候。無為無能てあつた斎藤総督の後を引受けたる閣下に於て斯くも平凡なるとは夢にも思はず候。小生は閣下と旧知の関係もあり且多年統治の政務に当り経験を有する私しとして黙する能はず。時々忠言を申陳へ候えしも其効果を見る能はさるを残念に思ひ独り痛心慨嘆したる事も有之候。閣下御来任に際し朝鮮に於ける新聞と云ふ新聞は一として歓迎の意を表する新聞なく甚しきに至たつては京城に新聞大会を聞き山梨総督排斥の決議までも為したる事有之。

此時小生は政友会民政党其他知人先輩へ対し電報又は書面を以て朝鮮に於ける山梨総督反対の声へ一部内地人雑輩てあて朝鮮人の声にあらさるを声明し且閣下の人物を称揚したる事有之候。小生は常に内地の知人先輩と文通を為し朝鮮の事を宣伝し朝鮮事情を知らしむるに務め居候処閣下御赴任以来今日に至たるまて小生の立場としては統治状況を善しとも又悪しとも論する能はさる事情あり。従つて東京の知人先輩との間に自然疎遠に相成候。小生の知人先輩は朴重陽が宛たとも思ふまゐが変つたと思つて居る人もあるへしと思考致候。朝鮮総督には力ある政治家を要するものに候。小生は閣下を国家観念の強き精神家として心から敬意を表し喜悦を以て迎じ候。然るに一大革新を要する時に当り即ち斎藤総督の後任として来たりて誠に平凡なるには失望致候。忌憚なき世評の御耳に入らさるを悲しみ閣下の左右に直言を以て補佐するものなきを憾らみ候。目下御部下に阿諛する輩は閣下の去りたる後閣下の背後を指し悪評嘲笑する悪徳漢あればあるのみ又閣下解任の時各種新聞は筆を揃へて冷笑批評を下すへしと存候。左に愚見を呈し御参考に供候。

人事整理

七十歳の老知事兪星濬国語不充分にして老齢の申錫麟[82]表裏軽薄の韓圭復を整理せすして比較的仕事の出来る石鎭衡[83]を淘汰し須藤[84]の如

82 신석린(1865-1948) 경북 참여관, 충남지사, 중추원 참의.

83 석진형(1877-1946) 전남 참여관, 충남지사, 동척 감사.

84 스도 모토(須藤素, 1883-1962) 경북지사, 경남지사.

きを慶南へ栄転せしめ着実にして有為なる中野[85]咸南知事を免するが如き金英鎭、李範益等あるにも拘はらす金瑞圭[86]を全南知事に抜擢したるが如き慶南へ赴任し一ヶ月にならさる水口知事[87]を淘汰し、其後任として須藤の如き人物を以てするとは公明正大の異動と見る能はす真面目を欠くやり方と思はれる外あらず候。是皆消極的人物生田[88]内務局長と地方行政に経験なき中村[89]総務課長の献策に依るものにあらさるか。何れにしても閣下の自信から出てたるにあらさるべしと思考致候。

初等教育普及

閣下御赴任劈頭に朝鮮に於ける初等教育拡張の急務あるを声明し普通学校普及を計画せらるは一般朝鮮人の歓喜する処にして双手を挙け賛成に候へとも、朝鮮の現状から見れば飢餓に泣く地方農民は其予算を教育する力の貧弱なるを考察する必要も有之候。教育の固より大切なるは論するまてもなき事に候へとも、彼等に衣食を与へるは何によりも先決すへき問題に御座候。産業行政を徹底せしめ貧困なる地方民へ生活の安定を与へるのが、朝鮮統治上第一要諦なることは何人と雖反対意見の有するものなかるへしと信候。初等教育普及は財源さへあれば何時なりとも実行し得るものてあり、始めから声を大にする必

85 나카노 다사부로(中野太三郎, 1880-1941) 함북지사, 함남지사.
86 김서규(1875-1935) 전라남도 지사, 경상지사, 중추원 참의.
87 미즈구치 류조(水口隆三, 1879~?) 경남지사.
88 이쿠타 기요사부로(生田清三郎, 1884-1953) 내무국장.
89 나카무라 도라노스케(中村寅之助, 1889-?) 총무과장.

要無之候。先きに声を大にし後に実行の供はさる場合は反つて苦情の種となり人の鼻笑を買ふに至るへしと存

小作問題

朝鮮に於ける小作問題は目下の処ては騒く程あらず候。地方に依つて多少の争議あるとしても之を地方長官へ一任すへきものにして本府に於て問題を大にする必要無之候。余りに神経過敏に本府が直接之を論議し徒に声を大にするとせば反つて宿虎衝鼻の憂なきにあらず候。小作調査委員会なるものが其れ程急設の要ありしや。目下小御座候。

寄付金廃止

政務総監通牒を以て各種寄付金を禁止したる結果或地方に於ては公文を発し地方団体仲間の収金までも禁止したる馬鹿正直者も有之候。斯如問題は大体の方針を示し地方長官へ一任すへきものにして公文を以て一般的に命令すへきものにあらすと思考致候。絶対に寄付金を禁止実行するとせは地方官たるものは僅少なる地方費を弄る外に仕事なかるへき有るたけの金を使へば別に心配なし。又地方官として地方有力者を説く面倒もなかるへく官民協力の用語は其実無用に帰すへし。茲に於て無責任なる官吏は善き幸として無為而貪俸遊ひ廻はれば事足りる状態に墜ち入るへしと存候。

資金貸金

小農民に対し二十円限度の小額資金を低利て融資を計る趣旨は誠に善しとするも其結果如何を心配するものに候。目下各道各地に一部農民

へ資金融資を計り居るも其やり方は各地共に不一にして就中現金貸付を為すが如きは拙劣なるやり方と思はれ候。現金貸付を為すとすれば何にも別途手不足の面吏員をして金融組合の真似事をさせる必要なしと存候。兎角朝鮮農民は低利資金拠てはない無利子ても借金を負ふ時には立つ能はさるに至たる事実は往々有之候が。農民困窮の時現金貸付は農資の融通になれば無我夢中費消するものに候。之を避けるとせば信用あるものを撰定する外なく、そうなれば一般小農民救済を目的とする精神とは矛盾する結果を見るへし。要するに今回小農民に対する低利資金融通の趣旨は宜しとするも其人を得るにあらされば不始末に終るへしと懸念する次第に候。

旱害被災民救済

昨年の旱害は希有の事にして罹災民に地対する救済の声は可なり大なりしも未た救済の実を徹底せる地方あるを聞かず候。是れ源因は今日の政治は形式は先にし実は為す所以にして第二は地方官憲に緊張気分欠如せる結果と認め候。本府に於て旱害罹災民救済の為支出せる金員幾万円に至たるや知らず候へとも此莫大なる支出金が各地に配付されて如何様なる結果を見たるや閣下に於て其実際状況を知るに至たらば呆然たる事もあるへしと存候。是れ単に今回の罹災民救済事業のにみては無之、目下魂のなき役人の仕事に如斯事多々あるを御承知あり度御願申上候。兎角下僚の報告と実際の状況を対照する必要あるを御注意あり度候。朝鮮は旱害に騒き水害に驚くことは年中行事に御座候。夫れ罹災民に対し処置を為すに当り余りに遅鈍も困るが神経過敏過きるのも褒めた話にあらず候。旱害水害にあらずとも困窮の民に対し念を為すは為政者の心則とすへき常経に候。但単に民情に通し以て其処置に過誤なきを期するは第一肝要事に候。旱害に逢ふて俄に慌てる事を繰返さず根本策を講究する必要あるへし。灌漑水利事業の如き永久的建設を要するは勿論の事にして韓国時代に於ける社還米制度を復興せば如何てあらうかと思はれ候。韓国政府時代には各郡に社還米倉庫ありて年々窮春に開倉し貧窮なる地方民へ二三ヶ月間(麦の収穫時まて)喰ふたけの糧米を貸与し秋成を待つて還収する制度有之。窮節貧民に取りましては仕合の制度に候。以上申上御参考に供する次第に候。小生は何等私心あつて彼れ此れ申陳へるにあらず候。全く旧交ある閣下を思ひ朝鮮統治の為肺腑より出てる忠言に有之候。閣下の左右に心を許し政事を相談すべ識見ある人材を集め置く様御勧申候。如何に聡明てあつても如何に謀略あつても独手ては駄目に候。又維命是従の部トは車載斗量程あつても意気相感する腹心の人を得るにあらされば政治の刷新を計るは不可能に候。閣下には晩年朝鮮統治の任に当れるになつたのは君国の為御奉公を為す実に好期会を得たると謂ふへし。何ぞ左顧右眄而して臨事躊躇の要あらんや。閣下には今日属僚と事務のみを語る時にあらさるを覚醒せられ大に発奮し統治の大成を得て明治大帝の偉業を全ふせられ万人の期待に背かん様偏に祈上候。

昭和四年四月　日　　　　　　朴重陽

山梨総督宛

봉투앞면 東京西ヶ原瀧の川　守屋栄夫殿親展 봉투뒷면 大邱砧山　朴重陽
원사료번호　85-4-2-17

11 | 1929. 5. 9.

謹啓 新聞紙上に拠れば宇佐美勝夫[90]氏の政務総監説濃厚に記載し有之候処宇佐美氏は有吉忠一氏[91]と同形無大差の人にして事務に通し居候へとも政治手段ある人にあらず候。目下山梨総督の為し振りは先日申上候通に有之。其下に又々事務的政務総監を送りたるとせば統治の前途は知るへきのみに候。政府に於て朝鮮の現状を的確に知る処ありて誠意を以て将来を計るとすれば新たに総督を送くるか山梨総督をして心機一変奮進努力せしむるか山梨総督は統治に対する自信なく実の処力なしと見へる政治的手段ある政務総監を送くり山梨氏には因果を含めさせてテ政務一切を政務総監に一任せしむるか右方針の下に最善の途を取るの外に良策なしと思考致候。如上の意にて田中首相へも送書致置候。敬具

昭和四年五月九日　　　　　　朴重陽 拝

守屋仁兄

榻下

봉투앞면 東京西ヶ原瀧の川 守屋栄夫閣下 親展 봉투뒷면 大邱砧山 朴重陽
원사료번호 85-4-2-4

---

90 우사미 가쓰오(1869-1942) 내무관료, 조선총독부 내무부장관.

91 아리요시 주이치(有吉忠一, 1873-1947) 내무관료, 정무총감.

12 | 1929. 5. 23.

謹啓 昨日山梨総督東京行に付金泉駅より大邱まて送迎汽車中同伴致候。今回山梨氏滞東中政務総監の決定を見るへしと思考致候。総督府に朝鮮人参政官を設置するとの話に有之候。小生の為御推挙くだされ度。尚拓殖省に参入することが出来ますれば朝鮮に関する見識は内地人より優るとも敗く取らさる自信有之候。山梨氏の滞東の此機会を逸せず御盡力被下度御願上候。敬具

昭和四年五月二十三日　　　　　朴重陽

守屋仁兄大人

榻下

봉투앞면 東京西ヶ原瀧の川 守屋栄夫殿 親展 봉투뒷면 大邱砧山 朴重陽
원사료번호 85-4-4-25

13 | 1929. 6. 29.

拝啓 昨日御通過の事を本日新聞を見て承知致居候。京城方面へは幾日位御滞在の予定に候や御帰東の時には御通知くたされ度願上候。敬具

六月二十九日　　　　　朴重陽

守屋畏兄

榻下

봉투앞면 京城殖産銀行社宅守屋徳夫様方　守屋栄夫殿 봉투뒷면 大邱　朴重陽
원사료번호 6-52-3

14 | 1929. 7. 20.

拝啓　今回老母死去致候際は早速御鄭重なる御弔詞と並に霊前に供へ物を賜り難有奉存候。御陰を以て去る十六日葬式滞なく相済之候に付茲に謹みて御礼申上候。

昭和四年七月二十日　　　　　　　朴重陽

守屋栄夫閣下

봉투앞면 東京西ヶ原七四　守屋栄夫殿 봉투뒷면 大邱 朴重陽
원사료번호 6-52-11

15 | 1929. 8. 19.

敬啓　斎藤実氏の再度総督は実に意外とする処に御座候。人物払底如斯甚しきやう思へば誠に情けなく存する次第に候。乍併政務総監たる人の政治手腕のある人をあれば返つて好都合なるへしと思考致候。就ては今回総督府本府に朝鮮人参与官を新設する事に相成候処来九月中には発表を見るへしと思考致候。此の際小生の為御盡力被下度御願申上候。参与官の名称よりは参政間官の方が一般朝鮮人へ好感を与へしと存候。斎藤総督には赴任直ちに人事整理を為し空気を一新する様御忠告あり度御願申上候。昭和二年斎藤総督在任の時斎藤氏の手に依る人事整理を為すへき時期に遭遇したるも斎藤氏の退任を見るに至たり。山梨半造馬鹿者は全く詰らなき総督として足掛三年を経過したるを以て目下朝鮮統治の混沌たる状況と官紀弛緩の極にあるは御承知の通ニ御座候。出来ることなら此の際閣下の出馬するを希望に堪へず候。敬具

昭和四年八月九日　　　　　　朴重陽

守屋栄夫　玉机下

봉투앞면 東京西ヶ原七四　守屋栄夫殿 親展 봉투뒷면 大邱 朴重陽
원사료번호 85-4-1-11

16 | 1929. 8. 25.

敬啓　児玉[92]政務総監及浜口[93]若槻[94]氏宛へ送む謄御覧に入れ候就ては今回特設すへき本府参与官は其の名称を参政官に変改する様致度希望に御座候。其候補者に小生を推挙する様御尽力被下度御願申上候。水野閣下へ依頼致置候。斎藤総統へは赴任直ちに人事整理を断行するよう御力働あり度願上候。敬具

昭和四年八月二十五日　　　　　　朴重陽

---

92 고디미 히데오(児玉秀雄, 1876-1947) 정무총감.
93 하마구치 오사치(浜口雄幸, 1870-1931) 총리대신.
94 와카쓰키 레이지로(若槻礼次郎, 1866-1949) 총리대신.

守屋仁兄閣下

浜口若槻宛書翰写し同封

謹啓 斎藤実の再度総督は意外とする処に御座候。人物払底如斯甚しきやを思へば情なく存する次第に御座候。乍併政務総監たる人が政治手腕ある人てあれば返つて好都合なるへしと思考致候。斎藤総督には赴任直ちに人事整理を為すへく御忠告あり度願上候。昭和二年斎藤総督在任の頃官界の気分を一新すへき時期に遭遇したるも斎藤氏の退任を見るに至たり。無血無腸の山梨半造氏は全く詰らなき総督として三ヵ年を経過したる故目下官界の渾沌たる有様は筆紙を以て記す能はさる事情有之候。抑政府に於て特に斎藤氏を推薦したるは政策上の掛引なるや或は内閣の短命なるへきを忖度し有為なる人は朝鮮総督の任に就くを避けたる結果なるや目下朝鮮総督となるへき人物なき所以なるや全く斎藤氏の外に適任者なき結果なりしや右等事情を知らず候へとも現内閣の朝鮮統治に対する果して自信あるやを疑はさるを得ず候。先年斎藤総督の退任を力説し新しき総督として迎へたる山梨半造氏は名実共に詰らなき総督として終始し今回又々斎藤氏を総督として再度迎へるに至たるは実に感慨無量に御座候。政党に無関係の宇垣[95]、福田[96]氏等あり。仮令政党の人と雖下岡忠治氏の如き有為なる人来たりて半ヶ年ても一ヶ年ても出来るたけの仕事を為せば其れたけ朝鮮の幸福にして之に反し政党に超越せる人と雖無為無能ては五年居つても

95 우가키 가즈시게(宇垣一成, 1868-1956) 육군대신, 조선총독.

96 후쿠다 마사타로(福田雅太郎, 1866-1932) 육군대장.

十年居つても一向難有度無之候。先年原敬氏が斎藤氏を総督として推挙したるは斎藤氏に政治的実力あるを認めたるにあらずして実際の仕事を水野錬太郎政務総監をしてやらせるへく人物配合を考慮したるに過きず候。斎藤総督は其の下に水野錬太郎、下岡忠治氏等の如き政務総監あれば立派なる総督となり得るも俗吏的事務家の政務総監ては詰らなき総督となることはこれ迄の事実が証明するものに御座候。故に斎藤総督の下には是非とも政治的実力ある政務総監を必要とするものに候。朝鮮統治の成敗は我帝国の国運の盛衰に影響する甚大にして従つて統治の責任を総督にのみに帰する能はず全部の責任は時の政府にあるへしと信候。先年幾万生命と幾億国財を賭し戦ひたる日清戦争や日露戦争を思へば政争に没頭せる今日の政治家と雖大に覚る処あるへしと存候。何卒朝鮮統治に深甚なる御注意あり度偏に御願申候。何卒朝鮮の現状を詳細に御調査被下度御願申上候。朝鮮統治の現状を細大となく之を知らうとするは繁脳を極め居る国務大臣諸氏に於ては極めて困難なるへしと雖是非とも統治の大綱を御承知あり度偏に御願申上候。原内閣の時水野錬太郎政務総監の如く加藤内閣の時下岡忠治政務総監の如く浜口内閣を背景にする有為有力なる政務総監を斎藤総督の下に置き政務総監をして本当に真剱に決死的に統治の刷新を図らされば近き将来に必らず取返しの出来ない失敗を見るへしと憂慮するものなり。現内閣に於て児玉政務総監を是認するとすれば児玉氏に対する当り障りのなき程度に之を認めるなくして徹底的に児玉政務総監に援助を与へられ児玉氏をして自由に其能力を発揮する様致度候。敬上

昭和四年八月二十二日　　　　　　朴重陽

浜口雄幸　宛

児玉総監宛送書 第一

敬啓 在京恭堂の時は種々御厚情深謝に堪へず候。斎藤実氏は徳謙の人てあつて政治的手腕ある人にあらず。一私人としては立派なる人格者なるも政治家としては価値なし。先年原敬氏が斎藤氏を朝鮮総督として推挙したるは斎藤氏の政治的手腕あるを認めたるにあらずして水野錬太郎政務総監をして実際の仕事をやらせるへく人物配合を考慮したるに過ぎきず。然るに今回八十歳に近き斎藤実氏を総督として奏薦したるは其内容を詳細に知る能はさるも兎角斎藤氏を偉大なる政治家として推挙したるにあらず又斎藤氏を神様の如く崇拝したる所以にあらさるへし。或は政策上の掛引あるやも知らず。けれとも兎角民政党の人等は内閣の短命なるへきを忖度し朝鮮総督の任に就くことを避けたる結果にあらさるか。何れにしても十年近く朝鮮に居られて官紀弛緩を来し民心倦怠を招きたる斎藤氏が又々朝鮮総督の大任を受諾するに至たるは呆然として笑ふの外なし。此に於て民政党内閣の朝鮮統治に対する無経綸を知るへく又斎藤総督の何等抱負と自信があつて受諾したるにあらさるは問ふ迄の必要なし。誠に朝鮮も困つたものてある。先年斎藤総督時代水野錬太郎、下岡忠治氏等は総督あつてもなきか如く政務の一切が政務総監の手に依つて行はれたり。故に水野錬太郎氏は水野式を充分に発揮することが出来下岡忠治氏は下岡氏の理想的仕事を計画し実行する上に於て何等牽制を受くることなく内外の信望を得たり。有吉忠一氏は事務的手腕あり。且能弁家なりしも人物甚小にして朝鮮統治を大観する力なく徹頭徹尾事務家として終始し統治上見るへき功績なく又甚しき失敗もなし。湯浅倉平氏は愚の様に見へて愚にあらず。知るが如く又知らさるが如き人物なり。事細大を論せず総督の意向の通服従し事非なりと雖政務総監として忠言を試み反対意見を陳へたることなし。湯浅氏は銀行会社の番頭には適任者にして朝鮮を治める政務総監としては詰らなき人物なり。斎藤総督は水野、下岡氏等の政務総監に対しては敢て政務進行に干渉したることなかりしも湯浅政務総監時代は人事行政に至たるまて凡てを総督自身に於て按配内定し然る後之を実行せしめたり。其結果は玆に論せさるも識者の皆知る処なり。斎藤氏は水野、下岡氏の如き政務総監に対しては非常に遠慮深き人なるも湯浅政務総監の如き服従する人に対しては無暗に強かる人なり。斎藤氏を迎へる閣下は深甚なる考慮と一大決心を以て事に当るへき時なりと信候。此時に当り閣下に於て若しも気兼を為し自信を枉ける様なことがありては失敗を為し名声を墜すに至たるへしと存候。政務の刷新を計るに当り幾多の難関を撃破し勇往邁進する御決心なしとすれば寧ろ辞官帰野が閣下の為利益なるへしと思考致候。乍併閣下に於て本当に真剱に決死的に朝鮮を治めて行く決心があるとすれば偶然ながら斎藤総督を迎へたるは寧ろ仕合と思考致候。朝鮮統治を引受けたる閣下は政治的信望と実力を培養する好期会であることを強く御記憶ある様御願申上候。　敬上

昭和四年八月十九日　　　　　　児玉政務総監　宛

児玉総監宛送書　第二回

謹啓　前書御覧に相成りたる事と存候。就ては寺内大尉の病逝は天命致仕方のなきことに御座候へとも寺内夫人の殉死は悲惨にして且壮烈に有之候。西洋文明に心酔し之が為日本固有の国風に可なり変化を来し東洋道徳を破壊しつゝある現時に於て寺内夫人の従夫殉死したるは日

本人否東洋人の務るへき貞烈の婦徳にして数千数万の学校教員等倫理道徳を解く講話より強き教訓を与へたることゝ信候。各新聞に児玉政務総監談として左の如く記載有之

人事異動は自分としては余りに好まない云々

二三年間は此の侭押して行くつもりてある云々

派手やかの仕事を為さんとする時は人に乗せられ易し云々

右は新聞記者の勝手加減な事を記載したる様に思はれ候へとも万一も閣下に於て右新聞記載説の如く御思量に御座候へば実に失望せさるを得す候。人事行政の刷新を為し沈滞せる気分を一新することは一般の期待する処にして閣下御赴任の時には何によりも第一に着手すへきことは人事整理てあり。御赴任直ちに之に着手するてあらうと信居候処遺憾ながら御赴任の時に当り内閣の更迭に遭遇し一時手を控へ形勢の推移を観望せさるを得さるに至たるを一恨事と思ひたる次第に御座候。然るに今や閣下の談として人事異動は好まないとは新聞記者の弄筆に誤りあるとすれば気にする必要なきも若しも閣下に於て幾分なりとも新聞説に近き御方針に候へば閣下の為悲まさるを得ず候。閣下に於かれては政務総監たる職が無上栄誉とも思はれず。又物質的収入を求めざれば生活に艱難を見る様な閣下にあらざることを承知致居候。栄誉は人身を極め家財は体面を保持するたけ之を有する閣下に於て政務総監の職に就く時は必らすや統治に対する自信と決心ありて此の重任を引き受けたることゝ信候。閣下は如何に聡明てあつても又抱負と自信あるにしても独手は大任を全ふすることは不可能なるへしと存候。死生甘苦を共にすへき意気相感する部下を集め緊張せる気分を以て進行し始めて曙光を見るへしと思考致候。昭和二年斎藤総督

に湯浅政務総監時代既に沈滞萎縮せる空気を一新する為人事異動を必要としたるも遂に斎藤総督の退任を見るに至りたり。後任として山梨半造氏来りて無為徒食禄而巳別に新味ある政治を為さず。寧ろ官界に於ける空気は斎藤総督に湯浅政務総監時代よりも沈滞を極め殆んと半睡状態にあるは人の皆知る処に御座候。積極的派手やかの仕事を為さんとすれば人に乗せられ易し云々は一帯人に乗せらるものは市井輩婦女子等の事てあつて苟くも政治家として一通識見ある人が自信の下に仕事を為すに当り人より乗せらることは萬なかるへしと思考候。茲に新聞記者を見て彼れ此れ論議するは当らずやも知らず候へとも朝鮮統治を思ひ閣下の為計るに黙する能はず申上ける次第に御座候。別紙御参考まて愚見封呈致候間之を参酌し躊躇することなく御断行あり度御願申上候。閣下は之れより何に事を為さんとするも部下官吏をして惰眠より醒めて人に緊張せしめねば駄目てあることを重ねて申上候。 敬上

昭和四年八月二十三日　　　　　　朴重陽

児玉政務総監 宛

봉투앞면 東京西ヶ原瀧の川 守屋栄夫閣下 親展 봉투뒷면 大邱砧山 朴重陽
원사료번호 85-4-5-4

17 | 1929. 10. 12.

敬啓 暑去秋冷之候益御清栄謹奉賀候。斎藤総督は去八日大邱通過赴任致候。小生は大邱より迎へて金泉まて送り候。高齢には叶はないと見へて助類に聞落ち元気なく何になしに寂しく相見へ候。小生が若しも斎藤総督との間に実子親弟位の関係を有之るものてあつたらば手を取つて総督の就任を挽止謀忠を為すがと感致居候。朝鮮統治の将来を思ひ斎藤総督の晩年を思へば政治方面より観察するも人情により見るも気毒に思ふ処もあり。憂慮に堪へさる事も大に有之候。政務総監たるものゝ責任は一層大にして斎藤総督を生すも殺すも皆児玉政務総監にありと信候。然るに児玉氏たるもの果して其器なるや否を疑はさるを得さる点もなきにあらず候。此の際貴兄の如き人来たりて斎藤総督を助け、統治の任に当ればと考へた事も有之候。今月末若しくは来十月中総督府本府に知事級より採用すへき朝鮮人参与官一名を新設する由に候処、現に各道に郡守級より採択する道参与官あることなれば今回本府へ新設せんとする参与官は其名称を変改し参政官にした方が一般朝鮮人へ好感を与ふへしと思考致候。与と政の一文字の異にて好悪の影響あるが如きをも考察する必要あるへしと存候。此機会に於て小生の為特に御盡力被下度御願申上候。

昭和四年九月十二日　　　　　　朴重陽

守屋仁兄

榻下

봉투앞면 東京西ヶ原瀧の川　守屋栄夫殿　親展 봉투뒷면 大邱砧山　朴重陽
원사료번호 6-56-48-8

18 | 1929. 12. 11.

謹啓 斎藤総督は今朝大邱通過東上致候。例の参政官の件不日発表を見ることと思考致候。斎藤総督の東上中の機会に於て特に御盡力被下度御願申上候。敬具

十二月十一日 朴重陽

守屋仁兄

榻下

봉투앞면 東京西ヶ原七四 守屋栄夫殿 봉투뒷면 大邱 朴重陽
원사료번호 5－14－36

19 | 1930. 1. 26.

謹啓 議会解散は予定の行動に過きず候へとも緊急逼迫の此際一通りの御苦心にあらさるへしと御察申上候。種々なる事情に依り走附応援の出来さるを残念に存候。遠外なから偏に御成功を祈上候。 敬具

昭和五年一月二十六日 朴重陽 拝

守屋仁兄 榻下

봉투앞면 東京西ヶ原 守屋栄夫殿 봉투뒷면 大邱砧山 朴重陽
원사료번호 10-403-30

20 | 1930. 6. 7.

拝啓　先日御通過の時は日時■■らず失礼致候。就ては結構なる土産物申君を〔■〕貸致居候。何時もながら御厚情有難度深謝仕候。御帰東の際は御■らせ■■願上候。敬具

昭和五年六月七日　　　　　　朴重陽

守屋大兄

玉案下

봉투앞면 京城松峴洞社宅 守屋徳夫氏方 守屋榮夫殿 봉투뒷면 朴重陽
원사료번호 10-409-109
* 원문 파손 상태가 심함.

21 | 1931. 4. 11.

敬啓 暫らく御不沙汰致居候。就ては江木[97]、松田[98]氏をはじめ閣員諸公及若槻礼次郎氏其他知人へ別紙の如く送書致置候。御参考御覧に供候 敬具

昭和六年四月十一日　　　　　　朴重陽

守屋盟兄

貴下

97 에기 다스쿠(江木翼, 1873-1932) 철도대신.
98 마쓰다 겐지(松田源治, 1875-1936) 척무대신.

謹啓 久しく御無沙汰致候。就ては多難なりし議会も無事終了したるは君国の為大幸に存候。乍併少差を見たる浜口首相をして杖に縋つて議会の壇上に現はしめたるは浜口其人の精神は壮とすべしと雖今回再度入院手術を為すに至たるは誠に気毒に存候。浜口首相の駅頭遭難当時より病重くして実際国務に当たる能はさるを知りつゝ虚位を擁せしめ今日まで頑張りたるは余りに感心すべき事にあらずと思考致候。浜口氏は此間恐懼の念責任感等に付充分苦るしかつた事と同情に堪へず候。党勢の上から之を見て不得已ざるに出でたるとしても病首相をして曠日弥久溺職の責を負はしめ結局得る処なく返つて民政党内閣の信を失ひ世人の浜口氏に対する同情の声も薄くなりつゝあるは甚だ遺憾に存候。若しも不幸にして浜口氏の死を見るに至たらんか浜口を殺したるは一狂漢にあらずして民政党幹部連なりと極言するも無理からん事と思考致候。浜口首相の病状回復せざる限り政策の実施に於ても万事手控するの外なかるべしと存候。此際思ひ切つて総辞職を行ひ大義名分を明にする様最善なる正道を執る様御忠言申上候。浜口内閣成立以来所謂緊縮政策に付ても今後相当考慮する必要大にあるべしと信候時に緊縮政策宜なりと雖余りに極端に走り国民の活気を殺すが如き結果を見るは俗に言ふ牛の角を正しくせんとして牛を殺す様なものに候。目下の不景気は種々源因あるべしと雖浜口内閣の緊縮政策が一因たるは否認する能はざる事実に御座候。民声を無視しての政治は真個の政治とは謂ふ能はず候。人事行政に於ても感服せざる事甚だ多く有之遺憾に堪へず候。内閣の更迭を行ふと同時に気分一新を切望致候。敬上

昭和六年四月　日　　　　　　　朴重陽

봉투앞면 東京西ヶ原七四　守屋栄夫殿　親展 봉투뒷면 大邱砧山 朴重陽
원사료번호 86-346-7

22 | 1931. 4. 19.

謹啓　御喜申上候。御喜申上けると同時に憂慮する処大なるもの有之候。就ては新聞紙上に拠り候へば閣下には浜口内閣の政策を踏襲する云々有之候処茲に於て一言申上度候。浜口氏は正直一方の人あつて知略の人にあらずと抑政策は民心の超向に背馳しては断じて成功するものにあらず候。浜口氏の所謂緊縮政策は井上[99]蔵相の献策を過信したる嫌なきにあらず候。浜口内閣満二ヵ年近くの間に於ける為したる仕事に付追想黙考せば其得失如何を凡そ知る事が出来ると思考致候。災熱人を焼くが寒冷の極も亦肉を焼くものに候。兎角浜口内閣の緊縮政策なるものが其趣旨は宜としても余りに極端に走り今日の不況を招致云々は一般の輿論に御座候。浜口氏が健全にして内閣を持続するとしても民心の順応する政策に改めさるべからざる今日に於て若槻内閣が不相変浜口内閣の政策を踏襲するとせば必ずや不人気を招き失敗に終るべしと憂慮する次第に御座候。殊に官吏の減俸恩給制度の改正等の如きは軽々しく着手すへき問題にあらずと思考致候。拓務省の廃止、農林商工省の合併、政務次官の廃止等は寧容易かも知れず候。兎

99 이노우에 준노스케(井上準之助, 1869-1932) 대장대신.

角政策を行ふ上に於て理論と実際は相合はさる場合多く偏に熟考善処あり度御願申上候。仮令強行するとしても一般官吏の緊張気分は傷失しては国家の振興を望む不可能なるは聡明なる閣下に於て気の付かさる事萬萬なかるべしと信候。政務を総管する宰相は一大蔵大臣の仕事に固着盲従する能はさる場合あるべく又国家を料理する政治は銀行や会社員の算盤を弄しる仕事とは大有異なるを御忠言申上候。

昭和六年四月　　　　　　朴重陽

봉투앞면 東京西ヶ原七四　守屋栄夫殿　봉투뒷면 大邱砧山 朴重陽
원사료번호 86-354 28

23 | 1931. 6. 1.

敬啓 若槻首相、江木鉄相等へ送くりたる鄙見御参考まて御覧に入れ候。 敬具

六月一日　　　　　　朴重陽

守屋盟兄閣下

敬啓 一時騒しき減俸問題も「ドウ」やら梟を付けたものゝ精神的方面の損失は大なるものあるべしと思考致候。殊に鉄道省官吏と政府との間に於ける妥協は田舎芝居を見るの感なきにあらず候。鉄道省吏員等は一時猛烈に騒ぎ俄然猫の如く柔順となるは専ら金銭利益をのみ目的とする支那人と変り無之日本人として矜り来たれる気概のなきは寧

ろ呆然たらざるを得ず候。政府としては此上取るべき手段方法なかつたかも知らず候へどもあれだけ騒がし減俸を実施し而して鉄道省より剰出し得たる財源幾許ありや。其結果を見れば詰らなき事を為したとも思はれ候。兎角浜口内閣成立以来今日に至たるまで経済難の難局に当たり居るとは謂へ政府の為す事が悉く消極に走り余りに数字的に没頭し以て政治の大き処の見へざるは遺憾至極に存候。満鉄総裁仙石[100]老は長日病褥にありて辞せんともせず責任感のなき「づづしき」老爺と見へ候。斎藤総督は東京に去り独り児玉政務総監は鸞雀の如く喋べるのみ。而して内閣は対支問題や朝鮮統治を棚に置き忘れたるが如し。此際支那人の日本に対する種々画策は無理からん事にして或は朝鮮人等の独立を叫ぶには好機会かも知らず候。現下の政界を見て日本帝国の前途を思へば実に寒心に堪へず候。敬具

昭和六年六月一日　　　　　　　　朴重陽

봉투앞면 東京西ヶ原七四　守屋栄夫殿　봉투뒷면 大邱砧山 朴重陽
원사료번호 86-352-33

24 | 1931. 7. 6.

敬啓　久振接芳翰御近況を承知仕候。誠に嬉々に存候。就ては小生の為種々と御配慮被下候段難有度御礼申上候。同氏赴任後機会を見て相談致

100 센고쿠 미쓰구(仙石貢, 1857-1931) 만철총재.

度心算に御座候。吾兄の実と舞早からんことを偏に祈居候。 敬復

昭和六年七月六日　　　　　　朴重陽

守屋畏兄

榻下

謹啓 御書中申上候。御喜申上け候と同時に憂慮する処大なるもの有之候。就ては新聞紙上に拠り候へば閣下には浜口内閣の政策を踏襲する云々有之候処茲に於て一言申上度候。浜口氏は正直一方の人てあつて智略の人にあらずと認め候。抑政策は民心の趨向に背馳しては断して成功するものにあらず候。浜口氏の所謂緊縮政策は井上蔵相の献策を過信したる嫌なきにあらず候。浜口内閣満二ヶ年近くの間に於ける為したる仕事に付追想黙考せば其得失如何を凡そ知る事が出来ると思考致候。炎熱人を焼くか寒冷の極も亦肉を焼くものに候。兎角浜口内閣の緊縮政策なるものが其趣旨は宜としても余りに極端に走り今日の不況を招致云々は一般の輿論に御座候。浜口氏が健全にして内閣を持続するとしても民心の順応する政策に改めさるべからざる。今日に於て若槻内閣が不相変浜口内閣の政策を踏襲するとせば必ずや不人気を招き失敗に終るべしと憂慮する次第に御座候。殊に官吏の減俸恩給制度の改正等の如きは軽々しく着手すへき問題にあらずと思考候。拓務省の廃止農林、商工省の合併、政務次官の廃止等は寧容易かも知れず候。兎角政策を行ふ上に於て理論と実際は相合はさる場合多く偏に熟考善処あり度御願申上候。仮令強行するとしても一般官吏の緊張気分を傷失しては国家の振興を望む不可能なるは聡明なる閣下に於て気の付かさる事萬萬なかるべしと信候。政務を総管する宰相は 大蔵大臣の仕

事に固着盲従する能はさる場合あるべく又国家を料理する政治は銀行や会社員の算盤を弄しる仕事とは大有異なるを御忠

言申上候。

昭和六年四月　日　　　　　　朴重陽

봉투앞면 東京瀧の川町西ヶ原七十四　守屋栄夫殿 봉투뒷면 大邱砧山 朴重陽
원사료번호 86-350-48

25 | 1931. 8. 19.

拝啓 ■■尚酷之節御変りも無之候や御尋申上候。就ては小生先月二十五日入城宇垣氏と数回会見致し毎申の事をも相談致候。宇垣氏に於て盡力するとの答に有之候へとも実現済にあらされば信する能はず候。何卒直接間接御応援を賜はり度願上候。宇垣氏宛送書謄御参考まて御覧に供候。 敬具

八月十九日　　　　　　朴重陽

守屋畏兄

 榻下

敬啓 師団長会議に南[101]陸軍大臣の訓示は実に適切痛快に存候。満蒙の地が我帝国の生存上至大なる関係を有ずるは論ずる迄もなき事に御座

101 미나미 지로(南次郎, 1874-1955) 육군대신.

候。然るに支那に於て国権回復を標榜し排日的行動不息に拘はらず政府は之に対し何等経綸と決心なきは痛恨に堪へず候。支那の主張は支那人として当然なるべしと雖我帝国は支那人に気兼を為し支那は外交であるから云々言ふて何事をも自然成り行きに任すとせば寧ろ満蒙に於ける日本の既得権を支那人に返さし仁人君子に成り澄した方が立派かも知らず候。兎角政府当局者及朝野政治家に於て彼の日清日露の戦役を回想する必要大にあるべしと存候。目下政府及与党は南陸相の訓示を政治外交に容喙云々言ふてけん喧囂するは墻内の兄弟鬪争の観あり。而して現政府は外に弱腰にして内に強き感有之候。兎角国家有事は時は軍部の人と雖死人の如く沈黙を守る能はざるは当然の義と信候。我陸海軍は断じて一政党に左右すべきにあらず候。若しもわが陸海軍が腐敗せる政党の干渉を甘受する位に無力であれば其時は日本帝国の光を見る能はざる終焉なるべしと思考致候。近頃米政府の為す仕事に非常識と認むべき場合多く又与党には揚々自得の色ありで凡てを我が勢力範囲が如く余りに出しやはり過ぎる嫌なきにあらず候。外交は陸海軍の実力を背景に有せざれば相手方より翻弄されるも泣寝入るの外詮方なかるべしと存候。小生は軍事を知らず候へとも軍器の機械化に至たりても列強より今日より遜色なき程度にありとも思はれず候。就ては閣下の御赴任後今日に至たるまで毎日為しつゝあることは恰も山梨総督赴任当時の経路を辿つて居るが如く相見候。明日来月に或は掀天動地し宇垣式施政振りを見るやも知らず候へども今日の状態では懸念する処なしと云ふ能はず候。若しも不幸にして統治を無為無策に終るを見るか是れ遂に宇垣個人の失敗に止る問題にあらずして朝鮮が甚だ迷惑であり、帝国の前途を於て憂慮に堪へざる事有之候。

凡そ事を謀るに於て沈着冷静固より肝要に候へども正に為すべき時に当たり、其時期を逸する事は失敗の本にして意外の蹉跌に逢着する事往々あるものに御座候。閣下■調査も好研究尚宜なるべしと雖、何卒為すべき時期を失することなく御抱負と手腕を現実的に御示し被下度願上候。既に遅れたる感有之候へども、知事会議終了の今日の機会に人事行政を断行あり度御忠言申上候。五千年歴史を有し二千万民族を抱擁したる朝鮮の慣習と国民性を無視して唯単に理屈と法則のみを与て治め難き事情あるは御承知通りに御座候故に中央政府と一律的に行財政整理の必要無之寧ろ時と場合に依つては高等政策を以て朝鮮統制に臨むべきを痛感致居候。内地の制度と方針を直ちに朝鮮へ適用せんとするは慎重考慮を要すると存候。抑人事行政を局課廃合と連結あるの理由にて内務局長と殖産局長の未だ其任命を見るなきは甚だ遺憾に存候。又新聞説の如く学務局や道参与官廃止の如きあらんか新総督に対する朝鮮人の失望と怨嗟の声大なるものあるべしと思考致候。山梨総督は赴任後毎日勤務時間を厳守し官邸に於ては各局部長より報告を聞取り又は事業会社の幹部より会社の経営振りを調査し以て専ら朝鮮を研究するに寧日なく而して知事会議を始めとして各種会議を開催し各地巡視を為す等誠に熱心に見へたるも其治績に於て之を見れば実に気毒同情に堪へざる位に候。山梨総督は毎日勉強し彼れだけ熱心であつたのに何故失敗に終りしかは種々源因あるべしと雖赴任直ちに人事行政を断行せず従つて斎藤総督在任当時と少しも変改なく依然旧態の儘でありし事が失敗の源因に候。山梨総督は決して部下に腹心の人材を集め得ることの出来なかつたのが禍を為したるは事実に御座候。閣下の知略と鑑識を以て朝鮮統治に革新を加へ万人の期待に副ふ様偏に

祈上候。敬具

昭和六年八月十六日　　　　　　朴重陽

宇垣総督宛

봉투앞면 東京西ヶ原七四　守屋栄夫殿　봉투뒷면 大邱砧山 朴重陽
원사료번호 86-348-22

26 | 1931. 10. 11.

敬啓 御通過の日時を不分故温顔を拝するを得ず誠に遺憾至極に存候。御帰東の時は御一報あり度願上候。宇垣氏と面晤の機会も有之候はば例の件に付力強く御緊托被下度御願申上候。敬具

十月十一日　　　　　朴重陽

守屋仁兄

大人

봉투앞면 守屋栄夫殿　봉투뒷면 大邱砧山 朴重陽
원문서번호 86-358-3

27 | 1931. 11. 2.

敬啓　不相変御多忙の事と御察申上候。就ては例の毎申の件に付宇垣氏東上の此機会に於て最善御盡旋被下度願上候。今俄に分離を断行する能はさる事情有之候へば此問題を将来に譲り差当り小生の顧問若しくは

相談役として入社せしめる様御努力くたされ度御願申上候。池田[102]社長も近日内東上の由に候。宇垣氏の意見としては池田は北海長官を棒にして招きたる関係もあり時と相談すへし。若しも池田に於て当分現在の侭経営を為し度意見なれば其意見を抑さへる訳にて活かさるへし云々に有之候。兎角池田氏の決意如何に依りて如何様にも扱はられこと〻思考致候。 敬具

十一月六日　　　　　　朴重陽

守屋賢兄 大人

봉투앞면 東京西ヶ原七四 守屋栄夫殿 봉투뒷면 大邱砧山 朴重陽
원사료번호 86-346-24

28 | 1931. 11. 14.

敬啓 日々御繁忙の事と存候。小生は無為乾盃而已候。満蒙に於ける事変を遠見にして悠々閑々は実に苦痛に御座候。新聞紙上に依り候へば連立内閣云々説有之候処何れの内閣が生しるにしても上下一致し以て満蒙を守るにあらされば駄目と思考致候。就ては池田京日社長目下東京滞在の事と存候間前も申上候通此際小生の如く特別御盡旋を重ねて御願申上候。此機会に於て是非共御盡力を乞度候。斎藤子爵へ別紙の如く送置御参考まて御覧に入れ候。敬具

102 이케다 히데오(池田秀雄, 1880-1954) 조선총독부 식산국장, 경성일보 사장.

十一月十四日　　　　　　朴重陽

守屋盟兄

榻下

謹啓 無事東京御安着を新聞紙上に拠り承知致し心暗に喜び居候。本日道庁伝達にて御贈品を戴き誠に嬉しく且恐縮に堪へず候。厚く御礼申上候。就ては閣下御在鮮の記念に京城に於ける社会事業費として相当御寄付あれば如何であらうかと存候。先年伊藤統監及寺内総督の前例も有之候。御参考まで申上候。仁川別荘も適当の時期に於て京仁間大衆の為寄付すべしと御声言あれば閣下の徳を謳歌する声永久に残るべしと思考致候。右御礼旁に気付たる侭申上候。敬具

昭和六年十一月十三日　　　　　　朴重陽

斎藤實宛

봉투앞면 東京西ヶ原七四　守屋栄夫殿　봉투뒷면 大邱砧山 朴重陽
원사료번호 86-347-34

29 | 1931. 12. 16.

敬啓 昭和六年も最早十余日幾何も無之歳月の迅速を殊更に感居候。就ては今回内閣更迭に際し水野閣下の出動なきを淋しく感候。文官総督の可能性有之候はば政友会内閣を機会に水野氏をして朝鮮統治の任に

当らしめ度希望に堪へず候。犬養内閣は其後如何様なる劇を見せるかは分らず候へとも満蒙に於ける我帝国の大計を樹立し而して朝鮮統治に対しても形式を去り実を取り根本的革新を行ひ度切望に御座候。宇垣総督は多少の抱負もあると見へ候へとも今井政務総監ては期待することも出来さる現況に有之。悲観せさるを得す候。出来ますことなれば吾兄を迎へ度候。鈴木[103]、床次[104]、鳩山[105]、三土[106]、前田[107]諸相へも彼是陳へ置候。此際是非とも御奮闘あり度御願申上候。小生は満蒙の風雲や東都の政変を遠見にして世事躊躇の鬱悶を酒盃に托し無為渡日識に苦痛に御座候。彼安達[108]氏去就は自信あつての行動たるへしと雖今日となつて見れば自から求めて人に欺したる観有之気毒に見へ候。政友会としては反対党を入れて連立内閣を造らるを忌み呉越同舟の危険を畏れて遂に単独内閣に決したるは党本位より之を見るにあれば無理からんことゝ存候。何れにしても今日の政党に対し信義節操を求めることは元々に無理にして餘りに権謀小策を弄し以て政権争奪を事とするを見るに至たりては実に痛歎事に御座候。兎角此機会に於て御活動を乞度候　敬具

昭和六年十二月十六日　　　　　　朴重陽

守屋盟兄　玉机下

103 스즈키 기사부로(鈴木喜三郎, 1867-1940) 사법대신, 내무대신.

104 도코나미 다케지로(床次竹二郎, 1867-1935) 철도대신.

105 하토야마 이치로(鳩山一郎, 1883-1959) 문부대신.

106 미즈치 주조(三土忠造, 1871-1948) 체신대신.

107 마에다 요네조(前田米蔵, 1882-1954) 상공대신.

108 아다치 겐조(安達謙蔵, 1864-1948) 내무대신.

봉투앞면 東京西ヶ原七四 守屋栄夫殿 봉투뒷면 大邱砧山 朴重陽
원사료번호 86-346-46

30 | 1932. 5. 29.

敬啓 久しく御無沙汰致候。今回斎藤子爵の組閣に付種々と御心労ありたることゝ御察申上候。斎藤子の出馬したる以上は元来の責任も大なるものあるへしと存候。就ては暗呈別紙の如く陸海軍人其外知人先輩へ送書致居候。御参考まて御覧に入れ候。敬具

五月二十九日 朴重陽拝

守屋畏兄

大人

謹啓 去十五日陸海軍等の総理官邸へ侵入し犬養首相を狙撃死に至らしめ警視庁政友会本部三菱会社日本銀行及牧野内大臣邸に投弾したる事変の号外を見て呆然自失を得ず候。沈思良久反復思慮したるも其の根由を推知するに苦み候。日子を経過するに従つて新聞所報に拠り少しく解つて来た様なものに判然としたる気持致さず候。抑内憂外患の時局を当り国事の日非を見ては軍人教育家宗教家其他あらゆる階級に於て袖手傍観を許さゞるは論するまてもなき事に候。軍人は政治を語るへからずとの下に自縄自縛するなく兵卒にあらさる将校は国家万一の時一死以て之に当る覚悟と勇進奮闘すへしとは予てより小生の持論にして知人先輩へ屢々進言したる事有之候。然るに今回陸海軍人等の

直接行動に付ては会心合点の往かさるを遺憾とする次第に候。先時浜口雄幸氏の東京駅頭に於て狙撃されたるは余りに消極的政策を固執したる結果怨恨を買ひたる所以に外あらずと思ふ。桜田門外不敬事件及上海爆弾事件等は赤化主義者及赤化主義に類似したる思想者直接行動と認む。此主義者の思想に於ては日本朝鮮支那の国境なく一しく赤色あるのみと思考す。満洲事変前東京偕行社に於て若き将校連会合し政府当局に対し不穏なる言動を為したるは是れ所謂軟弱外交即ち

支那人に商品を奪取されても

支那人に侮蔑殴打されても

支那人に家財土地を掠奪されても

支那人に妻女を姦せられても

支那兵に将校が殺されても

支那人に我皇室に対し不敬に渉る言動ありしも

支那は支那人の支那であるから日本の勝手なる振舞を許さす秩序ある外交に依る外なしとは是即民政党内閣の忍辱政策であり幣原外務大臣の軟弱外交なり。此時に当り若き将校のみてなく何人と雖も憤慨せさるを淂ず。政府の無能無策を慨歎する声の四方に遍満したるは事実に候。然るに今回陸海軍人等の犬養一人を倒し他を不問にするは疑問に候。若しも腐敗せる政党が国家を毒するものとしての行動にあらば何故に政民両党の頭領株を鏖殺の挙に出てざりしや。尚政友会本部に投弾し民政党に無之は其心理を解する能はず候。甚しきは帝都治安の任にある警視庁及帝国の国立銀行を襲ひたる目的は何にありや。而も牧野内大臣は政治に関係なく陛下の左右に奉侍する人なり。此人の私邸に投弾する目的は全く推量する能はさる点有之候。先年甘粕憲兵大

尉[109]の事件に付世論温々たるものありしも小生は心から甘粕大尉に対し敬意を払ひ居候。憲兵に一甘粕大尉に止らすして陸海軍人の幾百千の甘粕の如き人物の出らるを熱望したる次第に候。今回直接行動を実行したる陸海軍人等が甘粕大尉と同一なる精神に有之候へは誠に痛快にして力を強くし君国の為大幸に存候へとも若しも不幸にして左翼に似たる思想に感染し我国体に反する険悪なる思想が軍隊にまでも侵入の結果なりとすれば我帝国の終焉を叫はさるを得ず候。今回の事変に付ては所謂政治家及国家の重臣として自任する人々は大に戒省而互相協力し以て事変の由来を明査し将来に於ける禍根を杜絶し帝国の安泰を図るべき重大時期と思考致候。政変の突発に伴ひ後継内閣組織の大命斎藤実子に降下茲に政民及貴族院等の連合内閣の成立を見るに至たり候処閣員の顔触れを見れば国民の期待する挙国一致内閣とも思はれず候。之ならば寄合の内閣を作くるよりは寧ろ鈴木喜三郎氏をして政友会内閣を組織せしめ之に陸海軍より強味ある援助を為した方が優してあつたかも知れず候。殊に斎藤総理は人を抱容する徳あり。忍従妥協性を多分に有し候へ共卓越なる経綸ある政治家にあらず。一私人としては立派なる人格者に候へとも力ある手腕家にあらず候。内憂外患の此時に当り斎藤内閣を迎へると同時に憂懼の念なきにあらず候。若しも一歩誤るに於ては忖度し難き国難に遭遇すへしと憂慮致す次第に候。閣員諸公が己を棄て首相を補佐し護国の至誠を以て国政に当れば一途光明を得るかとも存候。何れにしても今回生れたる斎藤内

109 아마카스 마사히코(甘粕正彦, 1891-1945) 헌병대위.

閣は一時的時局収拾を目的とする権途内閣に有之候へば内閣の壽命も或は短命に終るかも知らず候。

昭和七年五月二十七日　　　　　朴重陽

봉투앞면 東京瀧の川町西ヶ原七四　守屋栄夫殿　봉투뒷면 大邱砧山 朴重陽
원사료번호 86-350-5

22. 方漢復[110]

1 | 1929. 5. 18.

拝覆 久敷御無音に打ち過き甚た申訳無之候処態々御玉章を賜はり御芳情洵に奉鳴謝候。陳者御来示の件に就ては客年別紙　公正証書の通解決致居候のみならず金種卓も過去の誤りを悟りたるを以て小生は特に別紙目録の通り現金壱萬円の外に

沓参百七拾五斗落余

畑弐斗落

建物垈及建物弐棟

を金種卓に贈物致候処別紙の通本人の感謝状も有之候間御高覧の上萬事宜敷御高配を仰き度願上候。先は御厚意を拝謝旁御回答申上候。

110 방한복(1889-?) 거창군수, 장단군수, 용인군수, 국민협회 이사.

頓首再拝

五月十八日　　　　　金琪部

京城嘉会洞九三

守屋先生閣下

御侍史

追て封套の差出人の名義は人目上方者の名儀に書置候間御含み願上候。

感謝状添付　相続承認並誓約書添付

봉투앞면 東京府下瀧野川町西ヶ原七四　守屋栄夫閣下 御親展 봉투뒷면 京城黄金町一ノ一八一 方漢復

원사료번호 85-4-2-1

2 | 1930. 12. 3.

拝覆 先般御芳墨拝誦仕り候。其後愈々御清穆の段奉慶賀候。陳者御来示の件に就き種々交渉を重ね置き候処御承知の通本年は稀希の穀価低下の上金君は今月納付すへき地税約四万円、殖銀年賦金参萬円計七萬円を要すへく種々金策の為苦心致居候趣にて或は年内には至難の模様にて御座候得共金君は極力斡旋致居候由にて若し融通可能なれば年内に送金可致心組に御座候も萬一不可能の場合は明春二月末まて送金可致候間不悪御思召の上他に金策を講せられ度願上候。折角御申出なれは極力努力可致覚悟にて御座候。先は要件のみ申上候。頓首敬具

十二月三日　　　　　方漢復

守屋先生閣下

御侍史

봉투앞면 東京府下瀧野川町西ヶ原七四　守屋栄夫閣下 御親展 봉투뒷면 龍仁郡邑七　方漢復
원사료번호 7-147-26

3 | 1931. 9. 2.

拝復 芳翰再三拝誦仕り誠に恐縮の至りに奉存候。陳者御依頼の件に就き其後数十回交渉致候処金君も誠意は充分有之候得共差当り金融逼迫のため困却の有様にて只た一、二千円にても融通次第送金の趣を以て申来候故客月中旬頃其の旨御郷里宛書面を差上けたる次第にて御座候間不悪御寛恕の程奉念願候。本日も貴簡を訳して財源切迫の有様を具し早速努力方督促を加へ置き候に付御含み被遊度候。其の結果に依り更に御通知可申上候。萬一不幸にして不可能なれば年末又は明年二月まて小生責任以て弁償可致心組に御座候間二、三千円他に融通方法を前以て講せられ度願上候。甚た不本意千万にて御座候。先は御詫旁御回答申上候。頓首敬白

九月二日　　　　　　方漢復

守屋栄夫閣下　御侍史

追て此度是非御成功を奉祈上候。

봉투앞면 東京府下瀧野川町西ヶ原七四　守屋栄夫閣下 봉투뒷면 朝鮮龍仁邑 方漢復
원사료번호 86-348-58

4 | 1932. 5. 31.

昭和七年五月三十一日

謹啓 先日は態々御芳翰を賜はり御芳志洵に奉鳴謝候。初夏之候愈御清穆に被為渉候段奉慶賀候。陳者今回の政変は全く意外にて一般思想界に於ては真に寒心の至りに奉存候。幸に斎藤閣下の組閣せられたる事は歓迎致居候も其発表は予想外にして驚く外無之候も今の機に政務官ともとも御入閣被遊候見込有之候哉遥かに御実現を奉祈上候。釜山の松下氏に依命帰還訪問致居候処不得要領にて別れたる儘其后何等の通報無之候間御了知の上一応御照会被遊度願上候。就而来月廿日頃御来鮮の趣拝承仕り今より楽みに宦(鶴か)首仕り候。御来示の金君の次男は広島の田舎の中学へ入学は事実にて御座候得共今秋東京へ三学年転学の見込有之候はゞ閣下の御世話を蒙り度希望にて御座候次第にて其事に就き小生より高橋先生へ東京市の私立中学校へ転校方依頼可致心組に御座候。慶応には已に青沼氏令息入学の件も有之更に金氏の分をも依頼する事は至難かと存し居り候為に他校へ世話方依頼可致候。詳細は拝眉の上萬縷可申述候。先は伺旁御回答申上候。(乱筆多謝)

敬白

五月三十一日　　　　　　方漢復拝

守屋先生閣下

御侍史

봉투앞면 東京府下瀧野川町西ヶ原七四　守屋栄夫閣下 親展 봉투뒷면 京城清進洞十一番地 方漢復
원사료번호 86-350-4

5 | 1933. 1. 14.

拝覆 貴翰奉萬謝候。陳者御来示の件に就ては種々協議致度候処金君も多年不景気の為殖銀の借用金並其他の事件に就き表面は三百万円の富者の様て其の実差越と困却の有様にて仝君も非常に心配は致居候も金策上容易ならさる故参千円丈送金の趣洵に遺憾至極に奉存候(月末まて送金可仕候)御入用多端の際如何被遊候哉御案し申上候。(地税第一期十一月の初め金君の所有籾の内八千石は十一月十日石七円にて売却の為多大なる損を蒙り、尚一万石は貯蓄の儘にて未た売却せさるる状態にて御座候。穀価干係上速かに売却せは軍資金は多少なりとも余計に用意可致趣に御座候)解散の時は京城茶屋町一二〇崔在倚君の処へも御通電御願候。小生も客臘以来浪人生活と相成候に就きては解散後戦地へ宣戦上間合事有之候はゞ御教示次第参上可仕候間御意向如何に御座候哉御伺申上候。時節柄態々御奮闘被遊御成功を奉祈上候。先は要件のみ申上候。 敬白

十四日　　　　　　方漢復拝

守屋先生殿

御侍史

봉투앞면 東京府下瀧野川区西ヶ原町七四 守屋栄夫閣下 御親展 봉투뒷면 京城清進洞十一番地 方漢復
원사료번호 84-28-2

6 | 1933. 7. 23.

謹啓 酷暑之候愈御清穆被為渉候段奉慶賀候。扨て其后は甚た御無沙汰仕り申訳無之候。宋伯[111]の件は予て庄司[112]氏上京の際復命置致候通未た帰城せさるに依り相談相纏らさるも帰城次第送金可仕候間左様御詫御猶豫を賜はり度奉懇願候。甚た乍唐突洩れ承れは今回満洲行の遠藤[113]氏は閣下の親友の趣果して然らは小生は役一ヶ年半以上無職の儘消光罷在閉口致居候処此際満洲方面へ(枢要地)適当なる職を得れは乍微力多少活動可致心組に御座候間御考察被遊何分の御高配を仰き度渇望仕り候。先は御伺旁御依頼申上候。　　　　　敬白

七月二十三日　　　　　　方漢復拝

守屋栄夫閣下　御侍史

追て　小生は本月初先の場所替居候致居候に付御通知申上候。

記

京城唐珠洞一六七ー一 方漢復の履歴書添付

봉투앞면 東京市瀧野川区西ヶ原町七四　守屋栄夫閣下 御親展 봉투뒷면 京城唐珠洞一六七ー一 方漢復

원사료번호 84-26-25

---

111 송종헌(宋鍾憲, 1876-1949) 송병준의 아들, 백작.

112 쇼시 히데오(庄司秀雄, 1887-?) 조선총독부 道視學官.

113 엔도 류사쿠(遠藤柳作, 1886-1963) 내무관료, 만주국 국무원 총무청장. 모리야와는 구제고등학교 2고 동기다.

23. 相愛会　李起東[114]・朴春琴

1 | 1925. 12. 29.

謹啓　相愛会附属学生寄宿舎相愛館昨二十八日午前六時頃漏電の為め出火凡焼と相成り道具一切は烏有に帰申居候出火中別に負傷者は無之候得共八十余名の学生は冬日の寒天に焼出され褌一枚の儘途方に暮れ実に名状すべからざる惨境に陥り申居候。其の応急策として相愛会合宿所へ一時収容救護中に御座候。之が善後策に就ては何れ御教示を仰ぐべき所存に御座候得共不取敢以書状御報知まで如斯に御座候。敬白

十二月二十九日　相愛会　　　　　李起東·朴春琴

森屋第二部長閣下

봉투앞면 内務省社会局 守屋第二部長殿 봉투뒷면 相愛会　李起東·朴春琴
원사료번호 85-10-13

24. 徐相熙

1 | 1930. 6. 30.

謹啓 過般御来朝之節は泗川水利組合事件に付電色々御配慮に預り誠に

114 이기동(1885-1952) 일본 상애회 도쿄총본부 회장.

有難仕りく奉感謝居候。就而当日道当局に出て種々地主会の意見を■具致置居候処産業部長及内務部長に於ては満足を与へられ候しも知事に於ては不可との意見に有之候。乍併相手方の組合も其後は何等働く様子を見せず潜伏の態度に御座候。就中竹内々務部長[115]は陳情書を提出するならば当分は会議の為め京城に参る予定に付帰釜次第提出せられ度しとの御話に有之候。右の顛末を帰り次第金琪邰氏に詳細報告致居候処同氏も非常には御恵澤に感謝する次第に御座候。先は右御礼申上度如斯に御座候。早々敬白

六月三十日　　　　　　四泗川　徐相熙

守屋栄夫殿　侍下史

봉투앞면 東京府瀧野川町西ヶ原七四番地　守屋栄夫殿　侍史 봉투뒷면 朝鮮慶南泗川邑内　徐相熙
원사료번호 10-411-6

25. 石明瑄

1 | 1927. 12. 17.

伏啓　時下御歳暮に差迫候処閣下並高堂皆々様愈御清祥に被為渡候段奉慶賀候。降て小官事御蔭様の下にて無事勤職罷在候間乍憚御安神被成下

115 다케우치 겐로(竹內健郞, 1888~?) 경남 내무부장.

度候。陳者先日電信申上候通閣下水野閣下両様の御来鮮を日夜希望致居候処愈々其れに反し甚た落望に有之候天下の空気の如何に依つては後の機運到来も必然と奉存切々に御祈申上候。尚挽近官海の潮流漸く不調に傾き新当局の人事行ひ如何等自信の依る所無之候間此の際新総督側に御交渉の上小官三十年勤続者の最終たる目的に達し得候はは始終一貫御高恩に御座候水野閣下にも電信書面にて申上置候得共此は閣下より若し水野閣下に対する御相談ある場合の予備的行為に有之候間何卒充分御含みの上御容認被成下度奉悃願候。先は不取敢御伺旁御願申上度如斯に御座候。敬白

十二月十七日　　　　　石明瑄

봉투앞면 東京市外瀧の川西ヶ原七四番地　守屋栄夫部長閣下　御親披乞 봉투뒷면 江原道春川石明瑄
원사료번호 85-7-3-26

2 | 1929. 12. 13.

拝啓 時下向寒の候閣下愈御清勝に被為渡候段奉慶賀候。陳者本日十一の東電にて昭和新政同盟組織の由新聞紙上により拝見閣下由来の御経綸茲に発祥したることゝ奉存寒気に堪へさると共に前途発展に付新年強く謹て御祈申上候。就而は前書御願候如く今漸く斎藤様の御東上を得候処に付何分特段なる御高配御願申上候。其の後の事情としては総督閣下対小生の御言葉に御好感ありとの説を昵近人より漏聞致候処今尚

御直面に表現無之甚た心淋し次第に御座候。尚本府内の幹部連に於ても色鏡持者は悉く異動済の結果新任両局長共閣下の御意中に御座候はは小生のは此の機と存し候間充分御洞察被成下度伏して御礼申上候。水野閣下にも一言申上置候間御考察の程併せて御礼申上候。先は不取敢御礼申述度如斯に御座候。敬白

十二月十三日　　　　　　石明瑄

守屋代議士殿

봉투앞면 東京市瀧ノ川区西ヶ原七四 守屋栄夫殿 봉투뒷면 京城七八一　御親拓乞 京城府薫井洞六六　石明瑄 十二月十三日
원사료번호 5-14-90

3 | 1930. 1. 23.

拝啓　愈御清祥に被為渡候段奉慶賀候。陳者今回の議会解散は誠に残念と存居候尚普選目睫に差迫り居り候間不相変閣下の御再選あらんことを満腔の誠を以て奉祈候。当方の近況としては国民協会の陣容を改め信を半島に博し以て所期の目的に邁進せんか為会長は宋種憲氏に副会長は金寛鉉氏を推し小生も相談役に応したる次第に御座候。尚今回の学生騒ぎ等は甚た遺憾と存し多方の微力を致すと共に間々意見開陳方斎藤閣下に御拝面致居り候間併せて御諒察の程御願申上候。時節柄御自重専一に奉祈候。

敬白

봉투앞면 東京市瀧の川西ヶ原七四　守屋栄夫閣下　御親披乞 봉투뒷면 京城府薫井洞六六 石明瑄
원사료번호 10-403-32

4 | 1930. 6. 25.

拝啓　先般御来城の際には種々失敬仕候。其のあと海陸共御無事御安着のこと〻奉察謹て御伺申上候。陳者先日の御話参議実現を企待する一傍鉄原水利にもとの御高配の趣き拝聴仕候処斎藤総督は来月上旬御東上説の適好機に御座候間何卒此の機を免せす所企の目的に達成し得る様特段なる御配慮被下度伏して御願申上候。萬一御東上不相成候節は最初の御話の如く御書面御紹介被下度御願申上候。殊に鉄原中央水利は小生大正八年在職中其の基礎を始まれ(ママ)十一年春の転勤に至る間藤井寛太郎[116]氏との連絡関係も尠からさる一人に有之候間此亦充分御含み被成下度重ね重ね御願申上候。何分御指示御頼致居候。敬具

六月二十五日　　　　　石明瑄

守屋代議士殿

봉투앞면 東京市瀧ノ川区西ヶ原七四 守屋代議士閣下 御親展乞 봉투뒷면 京城府薫洞六六　石明瑄
원사료번호 10-411-8

116 후지이 간타로(藤井寛太郎, 1876-?) 不二興業株式會社 사장.

5 | 1931. 3. 24.

拝啓 国会も余すこと両三日に差迫られ候処閣下一層御多事御疲労のことゝ奉察謹て御伺申上候。陳者林野の件に付ては其の後積極的交渉を重ね来たる次第に御座候得共資金融通にも転売方法にも何れ共意の如くならす加之御蔭様の四月下旬納期も目前に切迫致居候間萬不得止投資額限度を以て他の企業者に譲渡を交渉致居候。甚た勝手恐縮に御座候得共別記二個所の外何れかの善処方法無之候哉何分の御回示御竢致居候。先は不取敢御参考旁ゝ御指令仰き度如斯に御座候。敬具

三月二十四日　　　　　　石明瑄

守屋代議士　閣下

二伸

一、新聞紙上に於ける菅原[117]東拓総裁の御聲明に依れは自今各種事業に亘り振張又実現せんとのこと

二、二月二十日頃本山に接したる黄龍山所有野村会社出張員より本社の命と云つて売買相談を交へ其の後の来信に依れは本社主旨には不景気の上にて買収意志なきと雖も本山対他一般時価に比較すれは　三萬以上ては高価にあらすやと云々したる　こと

以上

봉투앞면 東京市外瀧の川町西ヶ原七四　守屋代議士殿 御親披 봉투뒷면 京城府薰井洞六六 石明瑄
원사료번호 86-354-1

117 스가와라 미치요시(菅原通敬, 1869-1946) 대장관료, 동척총재.

6 | 1931. 4. 3.

拝啓 時下浅緑の候閣下並御高堂の皆様益御清栄に被為渡段奉慶賀候。陳者山林の件に付ては前書所謂投資額限度の譲受約束者も結局に不調に終られ野村会社出張員其の他二三希望者ありしも小生の四月一杯の納金状態如何を窺視し容易に乗出さん様子に御座候。致方なく郷里にある不動産放売に着手せんとする処地下に於て平時の三割に過きすして甚困却の次第に有之候。四月下旬と云ふ期限は閣下の御骨折に依る確乎たるものに候はは碎身的義務を累さすへかすと存候処如斯不進状態にて日夕の寝食甘を失する現況に有之候。甚た汗顔に御座候得共前書申上候野村会社々長及東拓支店の両方へ是非共御高配被成下度奉願候。何頃の御渡海の有無併せて御知らせ方御願申上候。時節柄御自重奉祈候。敬白　四月三日　　　　　　石明瑄

守屋代議士殿

봉투앞면 東京市外瀧の川町西ヶ原七四　守屋栄夫閣下　御親披 봉투뒷면 京城府薫井洞六六 石明瑄

원사료번호 86-354-30

7 | 1931. 4. 6.

拝啓 先日の書留郵便に依る書状御收覧被遊候ことゝ奉存候。その後御機嫌御伺申上候。陳者山林の件に付ては今漸く金策確立と相成来る十一

日納付致度き予定に有之候間何卒御安心被成下度御願申上候。本件最初の計画は造林事業を目的となしたる故に立木を別にし転売処分となしたる御地所のみを貸受け永久的の造林を遂行致度き心算に有之候処一転地所其の売払契約に応し其れに対する資金準備難に陥り致方なき故全体の転売策を講する迄の始末に化したる次第に御座候間右御洞察の上前書屡陳し置きたる旨充分御配慮の程御願申上候。今後には処分上に於ける時期早晩等には何等の御憚無之次第に御座候はは東拓又野村会社を第一の相手となし其の他何れの方面にも相当評価に達し得らるる様徐々に御取計られ是非共有終なる御結果を奉願候。先は不取敢御参考迄の御報告旁如斯に御座候　敬具

守屋代議士殿　四月六日　　　　　　　石明瑄

봉투앞면 東京市外瀧の川町西ヶ原七四　守屋栄大閣下　　御親披乞　봉투뒷면 京城府薫井洞六六 石明瑄
원사료번호 86-354-29

8 | 1931. 6. 18.

拝啓　先般支那方面御旅行途中御無事に御帰朝被遊候由其後御機嫌如何に御座候哉御伺申上候。陳者■■斎藤総督閣下の御辞職誠に意外にて慨嘆の至りに御座候。其の基因する処或る一人の変態に依る事歴然なりして以て之れか統治上悪影響は勿論とし老公晩節の御企約を斯る偏な新に犠牲したるは知者共遺憾千万と被存候。新任宇垣様は先年代理赴任

の際東京出張所にて初拝面以来間々御面談ありしに小生に対し江原道に於ける生字引たとも御謂はれたる事も有之尚又松村様からの御紹介も尠くない次第に御座候。之れより朝鮮官界には如何なる変動ありし此れも懸念せられ候間何卒宇垣様御在京中機会を見て小生の為めならうことに付て御高配方切に御願申上候。尚山林の件に付ても何分の儀御指示あらん事を企待致候間之れ又御配慮の程重々御願申上候。時節柄何卒御自愛専一に被遊度奉祈上候。先は御願まて如斯御座候。敬具

六月十八日　　　　　　　於京城

石明瑄拝

守屋栄夫閣下

봉투앞면 東京市外瀧の川区西ヶ原七四　守屋栄夫閣下　京城府薫井洞六六 石明瑄
원사료번호 86-352-36

9 | 1931. 6. 21.

拝啓　向暑の候益々御清祥に被為渉候段奉慶賀候。陳者昭和連盟の開催に係る支那視察を御歓迎の趣き拝翰仕候処時恰も売払山林現場引受の立会に際し解析の前列不可能に御座候。其の当日二十五日の午後五時には准陽郡望馬岩山の山上にて遥かに祝拝致度候間不悪御容認被成下度御願申上候。就而は今回松村様御東上に付世間種々なる噂に御座候はは小生の為何れかの御高配願申上候。愚考するには斎藤様御再任以来一年半有余の所山梨様時代の弊根を切離に明快を欠きたる嫌ひありし

為忠南道庁の移転問題も其の一端を加へたる結果とも被存候。然らは新総督様の新政策方針の一つとして其の害の残を更新せしむる方此亦進策の一つとも被存候。山梨様当時の人事異動なるものは殆と部下異断に任せ前来個人間に於ける睚眦の讎を罰したるに過きす候に付当時の輿論も沸騰を示し其の後中央政局に直訴したる人々は殆と復活又栄転せられたる実例明白と相成候処独り小生の如きものは無告無倚の形にて虫の喘を保つのみに有之候。抑小生在職三十一年間と云ふものは国計民福には萬難を忍ひ其の忠実を図り尚時局準備の劈所から日露戦役の従軍を始めとし六個条約、暴徒鎮撫、万歳騒き等の難局に直面命懸を以て其の万全を期したるも拘はらす今日に於ては今なお陰に陽に排日を業とする徒輩の反面に見捨てたる廃物と相成候に付青天を仰て太息する外他なきことと存候。閣下の隆運時代のみを御俟ち度夙望しに御座候得共統治上の流弊を矯救せんとする意味に於ては何れの機会にも一日の遅れも至大の関係と云はさるへからさるに付何卒松村様と御協議の上十分御尽力被成下度切に御願申上候。山からの帰は七日五六日頃にして機会あらは御参堂致度願望も有之候間此亦御含諒被下度候時節柄御自重専一に奉祈候。敬白

六月二十一日　　　　　　石明瑄

守屋代議士殿

봉투앞면 東京市外瀧の川区西ヶ原七四　守屋栄夫閣下　御親披乞 봉투뒷면 京城府薫井洞六六 石明瑄

원사료번호 86-352-39

10 | 1932. 2. 1.

斎啓(ママ) 積極内閣の総選挙に際し最高点御当選を奉祈候。就而は目下日支時局刻々と切迫し此の秋に当り国民挙て現内閣を支持するは勿論殊に朝鮮人士等の念願としては閣下の御当選を以て現内閣支持の焦点と致し居る次第に御座候。其の故は大正八年の文化治以来朝鮮今日の進歩発達悉く文化治の賜ものにて閣下を視し文化政の主人公と信し候。況や日支時局如何に依りては朝鮮自体の安危は勿論朝鮮民衆対総督政治総督府対中央政局其の政策如何と民心の推移状態等に付其の善処を要すへき所甚た重大にして今度の御当選を要望する人士は全く半島の輿情に基したる真誠に有之候間何卒右の実情御諒察せられ甚た人微言浅に御座候得共御選挙区内の有権各位に御供覧被成下候はは朝鮮の幸とし奉祈候。敬具

追白

別途電信為替金百円差上置候。例の山林の件目下進捗中に付其の解決次第に御高軒参上致度候間甚たにもの足らすして恐懼不堪候得共暫く御竢ち被成下度御願申上候.

草々

봉투앞면 東京市外瀧の川町西ヶ原七四　守屋栄夫殿　御親披乞　봉투뒷면 京城府薫井洞六六 石明瑄

원사료번호 83-1-12

11 | 1933. 5. 9.

拝啓 時下新緑の候閣下並御高堂の皆様益々御清祥に被為渡候段奉慶賀候。陳者小生の現状三十三歳の次男五六年来の長病にて医薬の方は力限りを尽し只今の処天に竢つのみの状態に御座候。身家共疲弊の極に当り乾坤一擲とする激気を起し漸一身の健固を保つ現況御座候間乍憚御安神被成下度候。就而は中枢院の入替は六月二日が現任者大多数の満期にて翌三日を以て新任発表の予定と想像せられ候に付総督府よりの決定案本月二十日限総督閣下御東上前に発送せられとの云謂に有之候間甚た屡々煩説(ママ)にて恐入候得共無援孤立の今日是非共閣下の御高配の下にて右新任候補に列し得られ度偏に御願申上候。此の際の再甦を得る否は全く御考慮如何に存すること篤に御軫念被成下度重ね重ね奉懇願候。敬具

五月九日　　　　　　石明瑄

守屋代議士閣下

봉투앞면 東京市外瀧の川区西ヶ原七四　守屋栄夫殿　至急　御親披　봉투뒷면 京城府薫井洞六六　石明瑄
원사료번호 84-11-10

26. 石鎭衡

1 | 1924. 9. 15.

朝鮮現下の状態に於て朝鮮より貴官をさらしむる事を絶対に遺憾とす。貴官幸に邦家の為め健在あれ

九月十五日　　　　　　　光州　石鎭衡生

守屋栄夫殿

봉투앞면 京城倭城臺十八号官舍　守屋栄夫殿　至急親展　봉투뒷면　全羅南道庁光州 石鎭衡
원사료번호 85-1-13

2 | 1929. 3. 10.

拝啓　御萱堂様の御訃音に接し誠に驚愕仕り候。貴臺に於せられては常に御孝心深き処殊に御愁傷の御事と御察し申上候。小生遠路の故御葬式に参列を致兼洵に失礼の段御寛恕被成下度願上候。心の記として金壱円差上候間花一輪御霊前に御供へ被下候はゞ本懐と奉存候。右乍失礼以紙面弔問申上度如此に御座候。

昭和四年三月十日　　　　　　石鎭衡生

守屋栄夫殿

봉투앞면 東京府下瀧野川町西ヶ原七四　守屋栄夫殿 봉투뒷면 朝鮮全南長城郡長城面聖山里 石鎭衡
원사료번호 9-11-13

27. 孫斗漢

1 | 1931. 3. 13.

伏啓　春暖之候御尊堂御健勝ていらせられるや伏して悔しく存し候。小生は去る三月七日老父病死致し今や全く依る所なきあわれな身となり候。亡き親は混沌なる社会を忙れ彼岸て笑ひもあらうか残り五六人の家族は毎日涙に涙如何にして競争の戟し世渡りをなすかが当面の苦慣て御座候。時は恰も国会開会中国務御多忙中御體御大事に先は御知せ迄。頓首

三月十三日　　　　　孫斗漢

守屋栄夫先生

봉투앞면 東京府瀧川町西ヶ原七拾四番地　守屋栄夫先生　봉투뒷면 朝鮮忠北永同郡楊江面斗坪里　孫斗漢

원사료번호 86-357-37

2 | 1931. 6. 29.

■■■■■の候。御高堂御清穆之段奉賀候。小生先日東上致候御伺ひ致候へど御不在中て即時引退き候。行政科試験終了と共に不時頭病と熱あり。東京て一両日治療致せしか効無き故帰省病治の処今全快致候為先は御通知迄如斯御座候。頓首再拜

六月二十九日　　　　　　孫斗漢

守屋先生 侍史

봉투앞면 東京府瀧川町西ヶ原七拾四番地　守屋栄夫先生　봉투뒷면 朝鮮忠北永同郡楊江面　孫斗漢 再拜
원사료번호 86-350-20

28. 愼宗元

1 | 1931. 6. 30.

拝啓 益々御清祥の段奉大賀候。御家御一同様にも御変り無く御勝健にして被遊候哉御伺ひ被申上候。陳者先般支那方面御視察の際は御機嫌麗しく御終了の上御帰国の御事と奉存候。却説過般小野寺様御来鮮の節は慶南道知事並に内務部長と打合せの結果当地の捜勝台の件に付ては近々登録手続を届出する事に相成居候旨小野寺様より拝受致居相居候に付ては閣下の為大なる御尽力の結果と察し申上相居候。誠に恐縮の到り存候へ共可成火急的に御決定の程当地慎■統一同は昼夜御祈り申上候。当地の祥細なる事情は小野寺様に一々申上置候に付御高察被成下度御願申上候。先は御答礼旁々如斯に御座候。頓首

愼宗元

봉투앞면 東京市外瀧の川西ヶ原七四番地　守屋栄夫閣下 親展　봉투뒷면 京城府三清洞四六 愼宗元
원사료번호 86-352-9

29. 申鉉求[118]

1 | 1926. 12. 24.

謹呈 時下酷寒の候貴家皆々様益御清穆奉慶賀候。愚生は以て御陰無事勤務致居り候間乍憚御放念被成下度候。当地の土産林檎一箱乍粗末鉄道便を以て贈呈仕り候間御笑留被下候はゞ幸甚に御座候。猶年内余日も少う候間為国家御健康にて御越歳被遊候様奉祈上候。右御挨拶申上度如斯御座候。頓首謹白

十二月廿四日　　　　申鉉求

守屋栄夫閣下

御侍史

봉투앞면 東京市外瀧野川町西ヶ原七四　守屋栄夫閣下 親展　봉투뒷면 朝鮮大邱達城郡庁　申鉉求
원사료번호 85-7-2-7

2 | 1927. 4. 10.

謹呈 共進會視察の為め本島鎮海に参りに閣下の御健康を奉祈候。敬具

四月十日午后五時　　　　申鉉求

只今視察を了へ帰邱の途に就き申候。

118 신현구(1867-?) 장기군수, 운산군수, 의성군수, 상주군수, 달성군수를 역임. 대일본소화연맹 경북지부 회장.

그림엽서 東京市外瀧野川町七四　守屋栄夫閣下　御侍史
원사료번호 84-1-72

3 | 1929. 8. 21.

謹呈 時下残暑難凌候処貴家皆々様益々御安奉慶賀候。斎藤子爵には今回朝鮮総督に御再任相成一般の感想宜しく愚生に取りては全く慈父を迎へたる感有之欣喜雀躍の至りに存じ候。同総督閣下には何日頃東京発赴任の予定に候や。此際愚生の宿望を斎藤総督閣下へ御内談被成下尚目下東上滞在中の生田内務局長へも御力説の上来月上旬本府人事異動の際(本府に勅令参与官を新設し知事級より選任、其他知事及参与官の小異動ある由)愚生の為め特に詮議する様千万御願申上候。右取急き御願申上まて如斯御座候。猶時候柄邦家の為め御自愛専一に奉祈候。頓首謹言

八月二十一日　　　　　　申鉉求

守屋先生

御侍曹

総督秘書官は何人に内定相成候や。其秘書官へも愚生の為め御紹介被成下度願上候。

봉투앞면 東京府瀧野川町西ヶ原七四　守屋栄夫閣下 必親展　봉투뒷면 大邱南山町六七〇　申鉉求
원사료번호 85-4-5-3

4 | 1929. 12. 10.

謹呈 時下益々御安祥奉慶賀候。愚生は官界の前途を楽み国家民人の為め今迄献身的努力を尽し来りしか此度の大更迭に失望千万悲観甚極に達したる際先生より御懇切なる御寵翰を賜はり誠に難有感謝の至りに存じ候。這間の異動に付内鮮人間の非難の声高く果して全部か生田氏の案なるや疑問の点も有之やに仄聞致候。愚生の事に就ては総督府内及道内共参与官の選に洩れたるを同情するもの多かりしか(第二次異動后)近日は第三次異動に於て郡守の古参者を整理するとて愚生の姓名を新聞に現はし退職として風説行はれ閉口仕候。御来信中『君の地位は決して不安なく必す此の次は目的を貫徹せらるべし』と懇篤なる御思召を蒙り肺肝に銘して更に層一層職務の為め尽瘁可致候間右御言葉を実現相成候様御配電の程伏して御依頼申上候。本道の知事は今明日中更迭、全北の林知事来任の趣郡守の整理昇動は後任知事の手に依り決定の筈なれば取急き今村内務局長並に林知事(新任の見込)へ愚生留任の為め御書面にて御頼み被成下度御願申上候(大至急にて)。尚本日東上の途に就きたる斎藤総督閣下並に近藤秘書課長へ愚生の現職の保持及昇進の為め御力薦被為下度候。尚且本道菊山内務部長へも先生より一書を寄られ愚生の為め御取計被成下度候(本道は目下郡守給料不足の為め高級郡守整理計画中の由に付)。右謹て御依頼申上度如斯御座候。頓首謹白

十二月十日 門下生　　　　　　申鉉求

守屋先生 御侍史

当地林檎貳箱本日別便にて贈呈致候間御笑留被成下度候。

봉투앞면 東京府瀧野川町西ヶ原七四 守屋栄夫閣下 急親展 봉투뒷면 大邱達城郡庁 申鉉求
원문서번호 5-14-34 「發送貨物受取證」 동봉

5 | 1929. 12. 19.

謹呈 只今御寵翰難有拝誦益々御安祥奉慶賀候。扨て愚生の身上に就き深甚なる御配慮に預り千萬感激仕り候。岡崎内務部長[119]への紹介名刺は封入無之候に付御発送洩の議と存候。何卒至急御郵送被成下度候(封書又は御名刺へ捺印し)尚林知事へ愚生の為め紹介方近藤秘書課長又は松村殖産局長へ御取計被成下度伏して御願申上候。来春総選挙の際は朝鮮側有力者にも充分御援助申上べく存じ居り候。右取急き御依頼まて如斯御座候。頓首謹白

十二月十九日　　　　　申鉉求

守屋代議士閣下　御侍史

봉투앞면 東京瀧川町西ヶ原七四 守屋栄夫閣下 봉투뒷면 朝鮮大邱達城郡庁 申鉉求
원사료번호 5－14－86

6 | 1930. 7. 1.

謹呈 時下梅雨の季節に候処貴家皆々様益々御清祥奉賀候。先般御来鮮

119 오카자키 데쓰로(岡崎哲郎, 1885-?) 경북 내무부장.

の際は三浪津の車中及大邱の駅路に御送迎申上たるのみにて更に御高話拝聴の機会を得ず失礼仕り候。愚生は其後実妹死去の為め忌引中にて御通信も不致今日まで延引致候。本年は朝鮮も雨量極めて多く挿秧良好にして数日中完了の見込に御座候。斎藤総督には本月上旬京城発東上の予定に付定めて御歓談可有之此機会に於て愚生の為め総督閣下の記憶を新しくする様千萬御願申上候。右御起居御伺旁々御依願申上度如斯御座候。尚時候柄邦家の為め御自愛専一に奉祈候。頓首謹言

昭和五年七月一日　　　　　　申鉉求

守屋代議士様

御侍史

봉투앞면 東京府瀧野川町西ヶ原七四 守屋栄夫様 御親裁 봉투뒷면 朝鮮大邱南山町六七〇　申鉉求
원사료번호 10-411-14

7 | 1931. 1. 5.

謹呈 新春瑞気満々の砌貴家皆々様益々御祥栄の段慶賀之至りに奉存候。客臘三十日の御懇翰を拝し千萬難有奉感謝候。如仰目下朝鮮側知事級に江原道李範益黄海道韓圭復氏御勇退説有之。新年早々多少の異動有之やに仄聞致候。就ては慶南参与官南宮[120]氏を知事に抜擢し其後任として愚生を御取計被下候はゞ幸甚此上もなく祈願仕候。参与官も産業

120 남궁영(1887-1939) 경상남도 참여관, 충청북도지사, 중추원 참의.

部長兼任の道にあらざれば将来の影響可有之現在産業部長兼任之地方庁は京畿全南慶北慶南四道のみに御座候間御含みの上宜敷御願申上候。産業部長の任務は充分果し得る自信有之候。何卒御諒察の上斎藤総督閣下へ御力薦被成下度渇望仕り候。右貴答旁御依願申上度候如斯御座候。頓首謹白

一月五日　　　　　　申鉉求

守屋先生　御侍史

봉투앞면 東京府瀧野川町西ヶ原七四 書留守屋栄夫様　親展　봉투뒷면 大邱府南山町六七〇 申鉉求
원사료번호 86-356-38

8 | 1931. 4. 30.

謹呈 時下春暖の候益々御清祥奉慶賀候。扨て東電の報する所に拠れば斎藤朝鮮総督には若槻新内閣の招電に依り五月六、七日頃上京の上辞表を捧呈し後任には宇垣前陸相来任の趣愚生は斎藤総督在任中閣下の御世話に倚り出世致度存じ居り候処突然総督更迭の報に接し驚歎の至りに御座候。朝鮮も局長知事等更迭五月中ある由にて総督府当局は緊張致居り候。就ては此際愚生の為め斎藤総督へ御電信を発せられ総督京城出発前愚生の宿望達成に効を奏する様伏して千万御願申上候。右取急御願申上候。頓首謹白

四月三十日　　　　　　申鉉求

守屋先生　御侍史

봉투앞면 東京市外瀧野川町西ヶ原七四　代議士守屋栄夫殿　急親展 봉투뒷면 朝鮮大邱府南山町六七〇　申鉉求
원사료번호 86-352-50

9 | 1932. 6. 17.

謹呈 時下益々御安泰奉大慶候。愚生は客冬退官後于今半年も失業者と相成実に閉口致居り候。斎藤内閣成立後今回地方官異動有之候由朝鮮総督府は更迭無之候哉。閣下には党色の関係あるも朝鮮とも真摯の政治家とし令名赫々たる次第に付此際党籍を離れ朝鮮の政務総監に御来任の程伏して渇望仕り候。朝鮮も今や思想混沌生活極難為政家として大に憂慮すべき時代と相成候。就ては朝鮮の物情に精通せる真摯の政治家の手腕を要する事々案じ候。是に於て閣下の御来任を邦家の為に期待申上候。宇垣総督は更迭無之候や差支無き限り御洩し被下度願上候。次に愚生は何か就職の方法無之候哉官庁会社等へ特に御配慮の程奉懇願候。京城日報社長も未た決定せず右社長決定を見たる上は愚生の為め御紹介被成下度多少毎日申報の計画も有之候。松村松盛氏は今回内地の知事級に進出せらるゝ事と存じ候。閣下には是非朝鮮へ重ね重ね御願申上候。右伺旁々如斯御座候。頓首謹言

六月十七日　　　　　申鉉求

守屋代議士様

御侍史

봉투앞면 東京市外瀧野川町西ヶ原七四 守屋栄夫閣下 必親展 봉투뒷면 朝鮮大邱南山町六七〇 申鉉求
원사료번호 84-13-16

10 | 1932. 6. 23.

謹呈 時下益々御清康奉慶賀候。先日は愚生の身上に就き種々申上度候得共聞く所に拠れば今回朝鮮総督府農林局新設に伴ひ知事級に数人の更迭を生じ韓圭復知事も此際勇退の趣知事の異動に際し又参与官の欠員も生ずる見込に有之候。就ては愚生の復官方目下東京滞在中の今井田[121]政務総監に御取計被成下度千萬御願申上候。昨冬の行政整理六ヶ月経過後は官吏再任の妨なき事と相成申候間御参考の上斎藤新首相に御進言の程伏而奉懇願候。尚愚生の所願達成上愚生の東上を必要とする場合は御打電被成下度候。右は依頼申上度如斯御座候。頓首謹白

六月二十三日　　　　　申鉉求

守屋先生閣下

御侍史

追白

今井田総監は朝鮮の知事会議の為め不日東京出発帰任可相成。宇垣総

121 이마이다 기요노리(今井田清德, 1884-1940) 체신관료, 정무총감.

督は来七月中東上の由に有之候間此機会に於て総監又は総督に御取計の程御願申上候。

봉투앞면 東京府瀧野川町西ヶ原七四　守屋栄夫閣下　至急　親展 봉투뒷면 朝鮮大邱南山町六七〇番地 申鉉求
원사료번호 84-13-3

11 | 1932. 8. 28.

謹呈　時下残暑酷烈候貴家皆々様益々御安泰奉慶賀候。愚生先般東上の際は御繁忙中御事務所に於て懇篤なる御教訓を賜はり又御留守宅には御令閨様並に御令息様に御対顔種々御厄介に相成候て奉鳴謝候。愚生帰鮮後老母重病看護の為に御通信を延引致居り候処漸く薬効を得愁眉を開き申候。臨時議会は政情如何に候や。政友単独内閣若くは政友の準与党内閣の出現を日夜黙祷致し候。右御礼申上度如斯御座候。頓首謹言

八月二十八日　　　　　　申鉉求

守屋先生

御侍史

봉투앞면 東京府滝野川町西ヶ原七四　守屋栄夫様　御侍史 봉투뒷면 朝鮮大邱南山町六七〇 申鉉求
원사료번호 83-11-18

12 | 1933. 4. 16.

申長湜履歴書在中

봉투앞면 東京瀧野川町西ヶ原七四 守屋栄夫閣下 至急親展 봉투뒷면 大邱南山町六七〇 申鉉求
원사료번호 85-11-11

13 | 1933. 8. 8.

謹呈 時下盛夏三伏候貴家皆々様御起居如何に候や御伺申上候。愚生は愚息の病気にて本春より于今困惑致居り候処幾分薬効を得自宅にて看被申候に御座候。東京附近は旱魃の由暑気一層厳しき事と奉察候。朝鮮は雨量多く大豊の見込有之申候。斎藤内閣は両政党の総裁も近く無任所大臣に就任の趣名実共に挙国一致強力に相成難局打開に猛進せらるる事と確信致候。只朝鮮及満洲に就ては下意上達に乏しき感なきにあらず。当路諸公に対し注意喚起の要大に有之申候。右暑中御伺申上度如斯御座候。頓首謹言

八月八日　　　　　申鉉求

守屋先生御侍史

本年三月頃愚息の就職に付御願申候処目下病気中に有之候間右御見合被下度候。

봉투앞면 東京瀧の町西ヶ原七四 守屋栄夫閣下 御直披 봉투뒷면 朝鮮大邱南山町六七〇 申鉉求
원사료번호 84-18-10

30. 沈宜昇[122]

1 | 1926. 8. 11.

粛啓 時下残暑之折柄尊官殿には益々御清勝之段御遥察申上候。偖て先般乍突然御無理にも御書面を以て小生之就職方に付御世話に相預り度旨御無理に陳情致上候段御宥恕為被下度候。然るに本年五月下旬小生上京城本府庁に参り斎藤総督閣下に御面会の上小生を中枢院参議に被命の懇願を致したる次第も有之候得ば何卒尊官殿は暫時の旧誼を御見棄無之御多忙中御恐縮に有之候も目下東上中之斎藤総督閣下に御面談をなし小生之累状を備陳して官庁又は銀行、会社等にても早く就職する様に御斡旋相願度最も小生之履歴書一通は閣下の御手許に差出申置候事に御座候。右残暑の御伺旁御願迄如斯に御座候。乍恐縮謹言。

八月十一日　　　　　　朝鮮江原道金化郡近南面豊岩里

小生 宜昇 頓首再拝

守屋尊官殿

봉투앞면 東京市内務省社会課内 守屋栄夫殿(私事親展) 봉투뒷면 朝鮮江原道金化郡近南面豊岩里二六九 沈宜昇
원사료번호 78-23-38

122 심의승(1876-?) 삼척군수, 회양군수, 김화군수

31. 嚴柱明[123]

1 | 1931. 8. 19.

謹啓仕り候。残暑未たに厳しく御座候節御高堂様には益々御清祥の段慶賀至極奉存候。降つて私共一家御蔭様を以て無恙消光仕り居候間乍他事御休神被下度候。先般は斎藤閣下愈々朝鮮を去られ慈父に御別れ申したる如く茫然と致し居り候。老閣下は来られすともせめて貴殿に於かれてゝも　政務総監として一日も早く御赴任遊はさるゝ様家族一同祈上居る次第に御座候。先つは平素の御無沙汰を謝し奉り暑中御見舞申上加せて御鞭撻御指導の程願上候。時節柄御自愛専一祈り奉り候。敬具

八月十九日　　　　　　嚴柱明

守屋栄夫様

侍史

봉투앞면 東京府下瀧野川町西原七四　守屋栄夫殿 봉투뒷면 京城府需昌洞一七六 嚴柱明
원사료번호 86-348-26

---

123 엄주명(1896-1976) 진명여자고등보통학교 교장.

32. 巖昌燮[124]

1 | 1925. 12. 20.

謹呈 其後は久しく御無音に打過き候処益々御壮健奉慶賀候。随て私儀御蔭様を以て無恙奉職罷在候間乍憚御安念被下度候。陳者先日郡守視察団に加はり上京致候処其の際閣下に敬意を表すへく御宅を御尋ね致し候らひしも地理未熟の為遂失礼致し恐縮の至に堪へす候。別封の郵便小包は当地の産物に御座候に付甚た乍些小貴覧に供し候間御叱留被下候はゞ本懐の至り御座候。先は右御安否御伺申上度如斯御座候。恐惶謹言

大正十四年一二月二十日　　　　　巖昌燮

봉투앞면 東京市外瀧の川西ヶ原七四　守屋栄夫閣下 봉투뒷면 朝鮮平南安州郡庁 巖昌燮
원사료번호 85-10-75

33. 吳斗煥[125]

1 | 1928. 2. 4.

謹啓　時下益々御清穆に被為入奉慶賀候。扨御在職中は公私共に■数々

---

124 엄창섭(1890-?) 평안남도 이사관, 내무국 사무관.

125 오두환(1883-1954) 장단군수, 봉천부영사.

御配慮御指導を辱し難有感銘奉萬謝(カ)候。今回愈衆議院議員立候補御出馬之趣拝承芽出度御当選奮闘被遊度萬祈之至りに奉存候。先は不取敢御挨拶迠如此に御座候。敬具

二月四日　　　　呉斗煥

守屋栄夫殿

봉투앞면 東京北豊多摩郡瀧野川寮七四 守屋栄夫殿 봉투뒷면 京城府 呉斗煥
원사료번호 10-105

2 | 12. 29.

粛啓　時下向寒之候に御座候処益々御清穆に被為渉候段奉慶賀候。扨過日は御出京被遊久振りに温容を拝接御挨拶申上候度御宿に拝趨仕候処折悪御不在にて拝芝の栄を得不申。尚翌日参堂申上候得共既に御出發被遊候跡にて遺憾之至りに奉存候。就ては甚だ疎品には有之候得共朝鮮産りんご一箱本日御送付申上宜く候間御笑留御試食被下度奉希候。先は御詫旁々右御通知迠得貴意申上候。敬具

十二月二十九日　　　　呉斗煥

守屋栄夫殿

봉투앞면 東京市瀧野川町西ヶ原七四　守屋栄夫殿　親展 봉투뒷면 京城府庁 呉斗煥
원사료번호 7-147-39

34. 呉相根

1 | 1930. 2. 13.

拝啓 時下初春の砌益々御清祥の段奉慶賀候。陳者今度の総選挙も後余す処一週間と相成候処先生には益々御奮戦の御事と拝察仕候。就ては同封粗品は甚だ失礼に御座候へ共選挙通信費の一端として御笑納下され候はば幸甚の至りと存じ候。乍末筆御当選御祈り申上候。

二月十三日夜　　　　　呉相根

守屋先生侍史

봉투앞면 東京市外滝の川西ヶ原七四　守屋栄夫先生　侍史 봉투뒷면 朝鮮咸興雲興里五五三　呉相根
원사료번호 10-410-18

35. 兪萬兼[126]

1 | 1930. 2. 13.

謹啓 陽春之候益御清勝奉賀候。陳者今回衆議院議員立候補の御挨拶書を御送付被下京城の自宅より当地へ回送せられしを唯今拝承し遥に御当選を予め奉祝候。尊台の政見御発表は東洋の現状に照し最も適合せる御意見にして其の共存共栄の為に御奮闘の段微弱なる小生と雖も之を

126 유만겸(1889-1944) 평남 참여관, 학무국 사회과장, 평남 참여관.

熟読して感激の念を禁し得す候。何卒大政治家たるの御襟度を以て政治の要途に立たせられ御抱負実現の期速に将来せられんことを奉祈候。御陰を以て小生は転々奉職目下平安北道庁に参与官として勤務し単身新義州の地に現住する故御書翰拝受の時期も遅れ且又数回御来鮮の際にも種々なる事故により拝眉の機会を得さるを何時も独り残念思居次第に御座候。就ては選挙の為に多大なる費用を要せらるへく誠に失礼なから拾円券贈呈致候間萬分の一の御用にても御使用被下度御願申上候。先に設立せられたる昭和連盟の趣旨書も同時に拝承仕候。東京御帰還の際を見計り入会可致奉存候。尚時節柄愈御壮健の上御当選の程重ねて奉賀候。

二月十三日夜　　　　　　　兪萬兼　再拝

守屋栄夫様　侍史

봉투앞면 仙台市東五番町二五 守屋栄夫様侍史親展 봉투뒷면 朝鮮新義州真砂町二ノ五　兪萬兼
원사료번호 10-409-49

36. 劉鎮淳[127]

1 | 1930. 2. 15.

拝啓　益々御清穆の段奉慶賀候。陳者先般は立候補の御宣言書頂戴難有

---

127 유진순(1881-1945) 강원 참여관, 충남 지사. 중추원 참의.

拝読仕候。朝鮮在住の小生としては何等御声援の申上様も無之甚た残念に存候。唯朝鮮に多大なる御理解と御同情ある貴殿の立候補せられたることは実に半島民一同の等しく意を強くする次第に有之遥に衷心より御当選を祝福して止むまさる処に御座候。何卒充分なる御奮闘相願度嘱望に不堪敢て一書を呈し度如此に御座候。忽々頓首

二月十五日　　　　忠南道知事劉鎮淳

守屋栄夫閣下

봉투앞면 仙台市東五番丁二五 守屋栄夫閣下 봉투뒷면 忠南道知事劉鎮淳
원사료번호 9-16-57

37. 李東雨[128]

1 | 1928. 2. 7.

粛啓 残寒尚頃之候愈御清祥被為渉慶賀至極に奉存候。小生御蔭様にて無異消光罷在候間何卒御放念被成下度候。陳者尊台に於かせられては今般官界御勇退之上衆議院議員に立候補被遊候趣雄図欽仰に不勝降而奉慶賀候。卓越せる御識見と遠大なる御抱負とは一世已に定評ある所愈鹿を中原に遂ふに至りては必ずや疾走先に之を得らるべき信じて疑はず今より指折り数へて御当選之御喜報を俟ちつゝ予め御祝福申上候。先

128 이동우(1879-1934) 국민협회 총무, 은율군수, 중추원 참의.

は不敢取御立候補を奉賀すると共に御成功を予祝仕り度如斯御座候。

草々謹言

二月七日　　　　　　李東雨

守屋尊台閣下

情鑑

봉투앞면 東京府下瀧野川町西ヶ原七四　守屋栄夫殿　親展 봉투뒷면 京城府蓮建洞九七　李東雨
원사료번호 10-203

38. 李源讚[129]

1 | 1932. 11. 10.

謹復　時下初寒の候に御座候処愈々御清穆の由慶賀此の事に奉存じ候。陳者御親切なる御指示に依り早速其の旨詳細に慎に御伝へ致し候処別紙の通覚書送附し来たると共に慎君の手紙に曰く閣下の難有御趣旨は十二分に承知致し候も道が何故に単純に登録を為して然る后寄附を要求せすかが不可解と申し居り候。然して覚書の内容に於て閣下の御示しと少しく異なり居り候も日数の関係上遅延を恐れ兎角一応御送り申上候間御査受の上若し御気に召さなく候はゞ直に御送返被下度願上候。私としては当然宜しからずと存じ既に手紙を以て更に照会は致置

129 이원찬(1893-?) 강화군수, 김포군수.

候間左様御承知置被下度御願上候。愼は萬一登録后直に寄附を道より迫められでは後始末上都合悪しく思ひ斯く一部分を変更したるに非らすやと被存候。尚進行の都合如何に依りでは年末頃賜暇を相受け愼君を引連れて右伴の為め御伺ひにても可致決心仕り居り候。先は取急き御返事申上旁々如斯御座候。恐惶謹言

十一月九日　　　　　李源讃 再拝

守屋栄夫閣下

覚書

此の度貴殿の御配慮に依り探勝台力林野台帳に登録せられ愼氏御一族の所有なること確定したるは誠に感謝に堪へさる所に有之候。かゝる天下の名勝地を此の后一私人の名義とするよりも私の意見としては永久に存続すべき公共団体の管理に移し永久保存の道を講すること祖先の遺志を発場の公共の福利を増進する次第と存候。将来宗中員の同意を得るに於ては他に寄附の手続をも取運び異議無之候。仍て覚書提出仕也。

昭和七年十一月七日　　　　　愼宗元

守屋栄夫殿

봉투앞면 東京市瀧野川区西原七四　守屋栄夫閣下　至急　御親展　봉투뒷면 朝鮮京畿道江華郡邑内　李源讃

원사료번호 83-1-48

2 | (연도불명) 10. 15.

謹啓 長途の御旅行にて嘸ぞ御疲労の御事と御察し申上候。就ては途中御障りも無之御安着被遊候哉御伺ひ申上候。降而私事御陰様を以て無恙消光罷在候間乍憚御安神被下度候。扨而本日下関にて御発送の御手紙拝見仕り誠に恐縮の念に堪へす候。実は朝鮮ホテルに於て閣下より承りたる御趣旨を慎君によく御伝へすると共に居昌に行き金五百円を準備持参の上差上ぐべく申渡置候処慎君もよく承知したる旨答へたる次第も有之。何等支障なく進むものとのみ信じ居り候中去る十一日突然慎君より電報以て『こと思はしく進まず不得已其の侭居昌に戻る』との旨通知を受け余りの意外に驚き早速手紙を以て慎君に内容照会中の処閣下の御手紙を拝見致し一層申訳無之候。何卒総てを私の為と御思召の上此上乍らも御尽力の程奉願上候。御示の覚書は早速慎君を呼寄せ作成御送可申上候左様御諒承被下度願上候。尚京城ての慎君の答ては『捜勝台が現に完全なる慎の所有と雖も国家が保存上必要ありとて寄附せよと云へば已むさるのに況んや慎のものとして登録迄するから適当の時期に国家に寄附せよと云へば応諾せさる訳には参らず』と迄云ひ乍ら『登録後短期間内に寄附せんが林及鄭より一層嘲弄を受けるのみならず総経費を慎宗三単独にて数十年を支出し来たる関係上事件が解決せは各同族に負担を分担せしめると共に宗中財産の売却も為さねば為らず、従つて同族の同意も必要なれば登録後直ちに寄附する条件で事件が解決したとの事実を同族が知れば或は分担は勿論同族財(宗中財産)の処分にも同意せさる恐れありと述べられ且つ本件は物的観念を離れて精神的観念に重を置き今日迄及んて来たるものなれば守屋閣下が此の点を能く御理解さるゝれば何等異議もなしと述べられたる次第も有之候に付此迄閣下に於かれても深く御同察被遊渡辺知事に今一度御交渉被遊度御願申上候。或は慎君が国語不十分なりし為之等の事情を閣下に能く申上くる事出来兼ねたるに非らすやと推測仕り居候。慎宗元君は常に閣下を神様の如く信頼する旨何時も私に表示致し居る次第に有之候。何卒慎宗元君を御拍手に不被遊慎宗元君に御同情被下今回の顛末に就ては御一笑に附せられ度願上奉り候。先は私として御詫び申上旁々前後の事情申上迄如斯御座候。　恐惶謹言

十月十五日　　　　　　李源讃再拝

守屋栄夫閣下

봉투앞면 東京市外西ヶ原七四　守屋栄夫閣下　御親展　봉투뒷면 朝鮮京キ道江華郡官舍　李源讃
원사료번호 83-1-37

39. 李軫鎬[130]

1 | 1927. 7. 22.

謹啓 酷暑之候閣下益々御清穆に被為渉候段奉祝賀候。時下炎熱の折柄切に御自愛の程祈上候。先は暑中御見舞申上度如斯に御座候。

七月二十二日　　　　　　李軫鎬

130 이진호(1867-1946) 전북지사, 학무국장, 중추원 참의.

守屋栄夫閣下

봉투앞면 東京市内務省社会局 守屋栄夫閣下 봉투뒷면 京城西小門町官舎 李軫鎬
원사료번호 85-7-6-30

2 | 1927. 12. 9.

粛啓 時下寒気日増候処愈御健勝被為渉候段奉慶賀候。陳者今回斎藤総督御辭任の趣き承り居り申候。就ては朝鮮統治上一般に亘り尠らさる影響有之候。啻ならす小生個人としては永く御恩顧を蒙り居り次第に御座候へば尚一層残念に堪ず申候。此れ突然の事に御座候へば今後小生の去就は俄然ながら如何に措置せんか未だ決定出来申さす候。何卒将来の身上の件に就ては親しく御指導を仰ぎ度奉懇願申候。先は右不取敢御依頼申上度如斯御座候。敬具

十二月八日　　　　　李軫鎬

守屋部長閣下

봉투앞면 守屋部長閣下 親展 봉투뒷면 朝鮮京城西小門町官舎 李軫鎬
원사료번호 85-7-7-15

3 | 1929. 4. 24.

拝啓 日暖風和之候愈々御清剛之段為邦家奉恭賀候。陳者小生先頃東上之際には突然参堂、色々と御高配に預り萬々難有奉感鳴候。以御蔭道中

無事一昨帰鮮仕候間乍憚御休神被成下度、先は右不取敢以数字蕪辞御礼旁御挨拶奉申上度如斯に御座候。敬具

四月二十四日　　　　　　李軫鎬

守屋栄夫様

　侍史

봉투앞면 東京市外瀧野川町西原七四　守屋栄夫殿 봉투뒷면 朝鮮京城府長沙洞七九 李軫鎬
원사료번호 6-59-37

4 | 1929. 5. 7.

拝啓　其後は如何御起居被成遊候や御伺奉申上候。小生儀御蔭様を以て不相変頑健罷在候間御休神被成下度候。陳者仄聞仕候はゝ国賓殿下御退京後は政界に相当な波紋可有之と国家多事多難之秋卓越なる御識見にて愈御奔走の御事と奉拝察候。尚朝鮮政務総監は愈々宇佐美氏決定之由本日内地通信により拝承仕候。就而小生身上の儀何分充分御依頼被成下度萬々よろしく御高配賜はり度伏而奉懇願候。近頃は又拓殖省対朝鮮問題の為東上仕居候委員諸君色々と御指導に可預恐察申上候。平素御多忙中とは存奉候へ共今後共よろしく御交誼賜はり度奉懇願候。先は右御近状御伺旁御願まて如斯御座候。敬具

五月七日　　　　　　李軫鎬

守屋栄夫様

侍史

봉투앞면 東京市外瀧野川西原七四　守屋栄夫殿 親展 봉투뒷면 朝鮮京城府長沙洞七九 李軫鎬
원사료번호 85-4-3-11

5 | 1929. 8. 8.

拝啓 残暑尚御凌き難く御座候処如何御起居被成遊候や、御伺奉申上候。陳者今回斎藤老子爵朝鮮総督に御再任被成下為我朝鮮寔に慶賀に不堪、半島山河正に生色あり。官民斉しく歓迎致居候。就而貴下の御都合も御座候へとも此際為我朝鮮政務総監として御来任被成下度大いに期待致居候。併而小生身上の儀も直接間接共多大なる御厚情御尽力賜はり度奉懇願候。尚一説ては児玉総監御留任するやも不知と果して如何なるもの哉。貴下の御奮起を切に祈上申候。今日の報道に依り申候はゝ九月早々御赴任之由一層御同伴如何、為我朝鮮尚一層の御尽力願上候。先は右御喜ひの辞申述度如斯御座候。敬具

八月十八日

봉투앞면 東京市外瀧野川西原七四　守屋栄夫殿 봉투뒷면 京城長沙洞七九　李軫鎬
원사료번호 85-4-1-2

6 | 1929. 8. 13.

拝啓 今年は格別之暑さにて御凌き難く御座候処御一同様御揃ひ愈々御

清穆に被為渉候段為邦家奉恭賀候。陳者山梨総督はいよいよ御辞任之御様子にて賜暇静養の意味にて再明十五日御出発の由。さて後任総督はやはり伊澤[131]氏実現せらるへきと奉存候へとも多少の反対の声も御座候由如何なるものにて御座候や。尚果して伊澤氏実現すれは児玉総監は如何なるへきもの哉。何分長時日の不安定てはよろしかす。両巨頭早く落着いて欲しいと奉存居候。来月は例の博覧会開幕仕候処御一遊如何に御座候や。御待ち申し居候。先は右不取敢酷暑之御見舞申上度如斯御座候。敬具

八月十三日

봉투앞면 東京市外瀧野川西原七四　守屋栄夫殿　親展 봉투뒷면 京城長沙洞七九　李軫鎬
원사료번호 85-4-1-19

7 | 1929. 11. 17.

拝啓　時下寒気日を追ひ相加り申候処御一統様御揃ひ愈々御健康に被為渉候段為邦家奉慶賀候。陳者先般水野閣下御同伴御渡鮮之際は御多忙中にも不拘度々拝眉の栄を得、平素なからも特別なる御厚情御眷誼賜り寔に難有奉鳴謝候。殊に小生身上の件については格別なる御高慮御指導に預り感激に不堪申候。今回は朝鮮に大異動有之。元より可然斎藤老子爵御再任後人心一新の御精神なれは官民斉しく歓声を挙け期待致居

131 이사와 다키오(伊澤多喜男, 1869-1949) 대만총독, 귀족원의원.

る有様にて有之候。尚仄聞仕候はゝ李王職にも已に整新期に有之、例の勅任参与官を現長官韓昌洙[132]男を転任させるとて噂さ専ら致居り候。韓昌洙男参与官説適不適任は不申とも御推察可被成後任李王職長官は李恒九[133]男らしとて是亦一部噂さ致居申候。元より信する説には御座無く候へとも官界異動之餘聞申上候。小生身上之件について一言奉申述候。此際四十年官界の未練も御座無く候へとも例の事由辞任後意を決し、一星霜近く隠退致居候。回顧四十餘年間何んの功蹟御座なく候へとも不断の勇廉を以て生命と致し居り候。是れを思へは誠に感慨無量にて御座候事此に至れはパン問題よりも名誉回復の念のみ浮ひ申候。即ち会社或ひは中枢院等の慰老隠退役を以てパン問題のみ解決しては四十年波乱の末路も悲惨極まる感致候。決して官界を未練する次第には御座なく雖へ一時的ても此秋もう一回官界再現を以て青天白日世間に顔を出し然る後は永久隠退致候ても社会に対する申訳も出来、小生としても大に愉快自足可致回顧四十餘年官界の小生の精神も無事終るへしと被存申候。只パン問題のみを以て世間に顔を出すことは厚顔無恥ても出来ぬことゝ決心致候。何分小生の如斯苦しき立場をも御深察考諒賜り度右のやうな次第深く御含置被成下、今後ともよろしく御指導願ひ度候。幸に松村君昨日東上仕候間御逢の節同君よりも微衷之存する處を御聴取の上万々御相談被成下度伏而奉懇願候。元より不徳の致す結果なれとも何卒御恕諒被成下度勝手なる御願申上け恐縮背汗に堪へさる次第にて御座候。時節柄為国家折角御自愛専一に奉祈上候。先は

132 한창수(1862-1933) 중추원 고문, 이왕직 장관.

133 이항구(1881-1945) 남작, 이왕직 차관, 이왕직 장관.

右御近状御伺ひ旁御願奉申上度如斯に御座候。敬具

十一日十八日　　　　　　李軫鎬

守屋榮夫様

侍史

봉투앞면 東京市市外瀧野川町西原七四　守屋栄夫殿 親展 봉투뒷면 朝鮮京城府長沙洞 李軫鎬
원사료번호 5-31-4

8 | 1930. 2. 6.

拝啓 時下春寒料峭之候御一同様御揃ひ愈々御清穆に被為渉候段為邦家奉恭賀候。陳者今回之解散は止むを得さる必然的なるへくも相互相当之苦痛可有之此際御識見御卓越にして社会の衆望兼存する貴下に於ては大いに御奮闘御奔忙可被成遊殊に政友会をして清新快明なる一大政党たらしめ以て所謂明るい政治正しい政治をなすやう為国家愈々御奮励の程乍陰奉祈上候。尚今回の激戦中といへとも貴下の最高点御当選相違なしと被存、今より楽しみて御待ち申居候。当地朝鮮に於ては御承知の筈と奉存候例の学生騒擾事件あり。一時相当之喧伝有之候へとも昨今鎮静致居候。是れ甚た寒心すへき事柄にて小生等大いに考慮研究致居申候。即ち単なる学生問題として軽視過する事柄に不非。当局は勿論識者間の平素不断の注意を要すへきと奉被存候。就而是れに対する万縷意見御座候へとも此際略して後便を期し先は右不取敢時節柄御近状御伺旁御聲援の寸志奉申寄度如斯に御座候。敬具

二月六日　　　　　　　李珍鎬

守屋栄夫様

侍史

봉투앞면 東京市外瀧野川町西原七四　守屋栄夫殿 御親展 봉투뒷면 京城長沙洞七九 李珍鎬
원사료번호 9-16-54

9 | 1931. 9. 17.

拝啓 秋涼之候御一統様御揃ひ愈々御清穆に被為渉候段為邦家奉恭賀候。陳者今回東上中之際は乍毎度格別なる御厚情に預り尚御懇切なる御咸宴の御接待を蒙り寔に感激の至りに不堪申候。降而小生儀以御陰様途中大坂へ立寄り女児の病気全快を見て無事一昨帰巣仕候間乍他事御放懐被成下度候。来る十月頃御渡鮮の御予定は相違無之候や楽而御待ち申居候。時下変候の節愈々御自愛御珍重之程奉祈上候。先つ右乍略儀不取敢以書中御礼旁御挨拶奉申述度如斯御座候。

草々頓首

九月十七日　　　　　　　李軫鎬

守屋栄夫様

侍史

봉투앞면 東京府下瀧野川町西ヶ原七四　守屋栄夫閣下 親展 봉투뒷면 京城府長沙洞七九 李軫鎬
원사료번호 6-356-8

10 | 1932. 9. 10.

拝啓 秋涼之候御一同様御揃ひ愈御清穆に被為御渉候段為邦家奉恭賀候。陳者今回東上中之際は永い間不一方御高配御厚情に預り尚出発之際は旅費之拝借さへ御心配被成下萬々難有感激の至りに不堪申御厚礼の申上け様も御座なく候。御陰様を以て道中無事数日前帰着仕候間乍他事御放神被成下度候。御約束の競馬事件は今後鈴木荒井両氏籌議の上改而御報告可致候間御諒承被成下度候。水野閣下の件は其後如何進展被成遊候や御一報煩はし度先は右乍略儀不取敢御厚礼奉申述度如斯に御座候。

敬具

九月十日　　　　　李軫鎬

守屋栄夫 閣下

乍末筆御奥様によろしく御風聲願上度庄司君も至而健康御休神願上候。

봉투앞면 左記御廻送被下度候。宮城県遠田郡富永村 要披 守屋栄夫先生 東京市外滝野川西ヶ原七四 守屋栄夫閣下 봉투뒷면 京城長沙洞七九 李軫鎬
원사료번호 83-11-6

40. 李夏榮[134]

1 | 1923. 9. 1.

拝啓 倍々御清適奉慶賀候。却説御発程以来御処より時々御芳翰被下且

134 이하영(1858-1929) 중추원 고문, 자작.

つ種々珍しき写真帖絵葉書が御恵に預り御懇情難有奉謝候。老生よりも時々通信致度存候へ共貴兄の御旅行此所随南船北馬御定住無之候為乍不本意御無音に打過候所不悪御諒察被成下度候。御視察之各地は老生遊覧の時代と違ひ嘸繁華を極め我が黄人を■■せしむるものと想像致居候。当地は其後何等異状無之。今回の政変も山本伯に内閣組織の大命降下の様子に有之候へば我朝鮮には殆んど影響なかるへし。当分天下泰平と楽観致居乍時下折角御自愛十分御視察を遂けられ一日も早く御帰鮮の地御土産談を御聞かせ致下度願上候。先は右御礼旁々御近況伺度如此に御座候。

拝具

九月一日　　　　　　李夏榮

守屋栄夫殿

봉투앞면 Hon.moriya, New York branch of Chosen Bank, New York, U.S.A(北米合衆国紐育朝鮮銀行支店内守屋栄夫殿) 봉투뒷면 Ha young Ye.Seoul Korea 京城府蛤洞 李夏榮
원사료번호 80-39-1-17

2 | 1927. 2. 10.

謹啓 其後は打絶へ御無沙汰申上候処御起居如何あらせられ候や。大行天皇御崩御以来各方面に亘り御多忙にあらせられ■我等国民の一大不幸を衷心より黙して申上候。却説貴官御在鮮中は特に公私両方面に亘り一方ながら御配慮を蒙むり平素■沙罷在申候処輓近に至り野生の一

家は実に急廻を訴へ其筋の御援助を仰くる外他に策無之と存知候。実に斎藤現惣督閣下には親しく御相談申上け多大の御同情に謝し居り候得共御多忙の惣督閣下にはあまりに繁々に御願申上くるも何だか相ずまさるような感致候。さりとて之を現状に放任せばする程遂に永久に回復する能はざるはめに可相成、兎やせん角やせんと思ひ煩らう程之に関しては貴官の御仁侠に訴へ御願いするより外に良策なしと存知書面を捧呈し前記事情に関し特に貴官の御静(カ)援を願上度候。然るに近日中に貴官も御存知の中枢院書記官山崎真雄君当地に出張し貴官を御参訪申上くる筈有之候段其の節は何卒御引見の上仝人より野生の事情御聴取の上何卒特に特に特によろしく御取計被下度願上度と存じ候。此儀何卒折入りに御願申上候。先は不取敢要用の御願迠申上候。敬具

李夏榮

守屋栄夫様　玉案下

봉투앞면 東京市外瀧川町西ヶ原七四 守屋栄夫殿　親展 봉투뒷면 朝鮮京城府蛤洞二七番地 李夏榮
원사료번호 85-9-57

41. 李海用[135]

1 | 1923. 7. 5.

謹啓 時下暑気日に相加はり候処御起居如何に御座候哉遥に御伺申上候。陳者時々金君の来信又は佐々木事務官より御安否を承り候。地図を開け御視察の地点を指なから御近況を暗悦致居候。私儀は御蔭様にて無事消光致居候間御安心被下度御願候。尚佐々木事務官宅及金基永宅共安泰にて御座候。先は御伺旁如斯に御座候。時節柄手前御自愛専一の程御祈上候。敬具 情長毫短書外後愍

七月五日 李海用

守屋庶務部長殿 侍史

봉투앞면 独逸伯林行 M.S.moriya, Japanese Embassy Berlin Germany 봉투뒷면 Mr.R1,Kejio,Chosen李海用
원사료번호 80-2-2-15

2 | 1927. 2. 22.

謹啓仕候。本年も愈々余日少く相成候処御尊家皆々様には御変御座なく御起居被遊候哉謹て伺申上候。降而拙宅は以御陰様無事消光罷在候間

135 이해용(1891-?) 이완용의 일족. 진천, 음성, 제천, 괴산 군수.

乍憚御休神被下度候。陳者本年中は特別なる御愛顧を辱ふし寔に有難く厚く御礼申上候。尚明年も不相変御引立被下度伏して御願申上候。甚た失礼には候得共歳暮の表として乍粗品当地産の野鶴一羽別途小包にて進上仕候間不取悪御笑納試味被下度御願申上候。過般意外にも斎藤総督閣下御勇退に就ては朝鮮の都市農を問はす挙けて失望甚たしく御在任中の善政や御徳の高からぬ御ことの噂を為しつゝ新総督閣下の施政方針に注意致居る様子に有之候に就ては多年直接御思を蒙りたる私儀に取りては何んと云ひ様のない悲哀を感するのみに御座候。先つは折角御尊家様御揃にて御安泰御超歳相成様謹て祈上候。

頓首　十二月二十三日　　　　　李海用

守屋部長閣下　侍史

봉투앞면 東京府下西ヶ原七四　守屋栄夫閣下　侍史 봉투뒷면 忠清北道陰城郡 李海用
원사료번호 85-7-3-8

42. 張基昌[136]

1 | 1929. 7. 28.

謹みて暑中御見舞申上候。平素は御疎遠に打過き失礼之至に奉存候。三伏之酷暑難凌候処以一統様御動静如何に御座候や奉伺上候。降而小生儀

136 장기창(1895-?) 호남은행 순천지점 지배인, 호남은행 본점 총무부 조사과장.

年来之持病も以御陰様弥々快方に相向ひ候も全快相期度近々江原道方面へ転地静養之所存に御座候へは乍憚御休神被下度候。数日前偶々潭陽に旅行の節細編之所謂特製品見付かけ申候為め甚た軽粗に御座候へ共御在鮮中御偉徳之俤相偲ひ申し候御印として別途鉄道便以て御送呈申上候間何卒御笑納被下候はゝ幸甚に至に奉存候。

旱災之折柄為邦家御自愛専一奉祈上候。拝呈

七月二十八日　　　　　　基昌拝

守屋代議士閣下

侍史

봉투앞면 東京府下瀧野川町西原七四　守屋栄夫閣下 봉투뒷면 朝鮮全南光州湖南銀行 張基昌
원사료번호 85-4-1-21

43. 張憲植

1 | 1925. 11. 11.

拝啓 漸次冬寒之候閣下益御剛健是誠奉■賀之至候。降而小生以来別状無之勤務致居当方亦一般に安意安堵此皆嘗て御指導の仮曁なりと存知恒常敬恭と感謝の情念間断無之楽しみ居る次第に御座候。乍其上尚猶此の日暮途窮荒瘠に歩きつゝ朦朧頭脳に更新良剤を注入すへく御恵贈の貴著は先以て其均添的の御慈愛深遠には中心恐感一生難忘の儀に御座候。世に山積の如き印刷を漸次読む気に成らなく退歩しつゝ居候得共も貴著に対しては何となく深感の次第に御座候。故に其上尚猶恐汗之至り乍ら(我等の進む可き道)を又一冊御恵み被下度御願申上候。謹茲有難度御礼申上旁々時下閣下益々御勇健御祈り申上候。 敬具

十一月十一日 張憲植

再伸 恐縮乍ら俵閣下に御宜敷御願申上候。

봉투앞면 東京府下瀧野川町西ヶ原七四 守屋栄夫閣下 봉투뒷면 朝鮮全羅南道光州 張憲植
원사료번호 85－10－18

2 | 1925. 11. 27.

拝啓 寒冷之候閣下益御康健誠欣賀之至候。就ては千萬夢想候外に下岡政務総監閣下忽然御遐世の訃報は当方の為めに至大の不幸にして誠に

痛悼莫知所措に御座候。降而過般又も御著書を御恵賜御願申上候処是亦御寛容御送り被下候御厚誼誠に慚愧恐■之至謹茲略儀難有候度御礼申上候。時下御多用中御健勝偏に御祈申上候。敬具

十一月二十七日　　　　　　張憲植

守屋閣下

봉투앞면 東京内務省社会局 守屋榮夫閣下 親展 봉투뒷면 朝鮮全羅南道庁 張憲植
원사료번호 85-10-107

3 | 1927. 7. 25.

拝啓 暑中閣下始め御一同様御安泰に渡せられ候哉御伺申上候。降而小生儀無事暮し居り候。是即平素御垂護の所賜にして恒常感謝申居り候処俗累に成せられ何時も御無沙汰の係何卒御寛容乍其上御顧愛賜はり度御願申上候。当方は早旱晩涼今快晴にして頗る農況順調一般に安意安堵の様有難度事と存知上候。以上暑中御伺申上候旁々如斯く御座候。敬具

七月二十五日　　　　　　張憲植

守屋閣下

봉투앞면 東京府下瀧ノ川町西ヶ原七四　守屋栄夫閣下 봉투뒷면 京城嘉会洞四 張憲植
원사료번호 85-7-6-32

4 | 1927. 8. 6.

拝復 多用中御恵葉辱ふし難有度拝読仕り候。当方ては昨今能く天気快晴となり直新涼気分なかく凌ぎ宜く且つ豊年の兆にて一般に満足の様結構に御座候。内地ては如何に御座候や。時下益々健壮に渡せらるること御祈り申上げ候。

받는 사람 東京府下瀧野川町西ヶ原七四 守屋栄夫閣下 보내는 사람 京城嘉会洞四 張憲植
원사료번호 84-1-100

5 | 1928. 11 2.

拝啓 時下寒冷之候尊台御安泰に帰京遊はせられ候趣き御安意申上候。当地御滞在中には何時も御表情申上道も知らず恒常恐縮に存知居候処這頃御令弟様の御奥様御不幸を承はり誠に御気の毒に恐存候所右乍遅延略儀謹茲に御挨拶申上候。敬具

昭和三年十一月二日　　　　　張憲植

守屋閣下

봉투앞면 東京府下瀧之川町西原七四 守屋栄夫殿 봉투뒷면 京城嘉会洞四 張憲植
원사료번호 10－186

6 | 연도불명

謹啓 御恵葉感謝拝読仕り候。御覧に入れました拓本は其表造たるや粗末なるも其書文は一読するへきものなりと■念に御座候に呈■仕り候なれば何卒御笑被下度御願上候。敬具

받는 사람 東京市外瀧野川町西ヶ原七四 守屋栄夫殿 보내는 사람 全羅南道光州 張憲植
원사료번호 84-6-141

44. 崔晩達[137]

1 | 1923. 4. 2.

敬呈 雲涛萬里に御鵬程遊され候後欧米風物を愉快に御視察の上帰朝遊さることを只管御祈申上已さる際に本邸に於ける不幸赴電に接し給ひ如何ばかり御愁傷の御事かと奉察候。風土の変れる異国に於て人生の悲劇に逢遇遊され候事とて或は御健康を害されざる哉と小生共■切に心配致し居候間何卒天の命数と御あきらめ下され度御願申上候。遠藤様にも欧洲視察を命せられ二月二十日出発致したる次第に御座候。昨日にも荊妻より御本邸に伺候申上候に御尊父母様、奥様以下安泰の由承知り居候間御安神被成下度願上候。以乱筆御悔申上候。頓首

137 최만달(1896-?) 동경부속, 조선총독부 식산국 농무과, 인제군수, 고성군수, 춘천군수.

四月二日　東京府庁　　　　　崔晩達

守屋栄夫先生　侍史

봉투앞면 Mr.s.Moriya BartonLodge 3.College Roda,upper horwood ? ?
원사료번호 80-39-1-23

2 | 1923. 7. 20.

敬呈 時下愈■■度■■候相成候処先生には御機嫌嬉しく御旅行遊さる候哉御伺申上候。先生の御手紙及紀行文等が「朝鮮」に発表されあるを拝読し西洋に対する知識を体得致し宛居り候。陳者小生も御陰様にて商工課の事務も段々習得し面白職務に忙事し居り候間御安心被成下度候。東京府に於ても大分私共が理解せられ社会課の金君の外土師庶務課長へ御願ひし姜琫烈と云ふものも就職致し両君共に満足致し精勤致居り候。荊妻昌順は故大■牧師未亡人迄同窓生たりし関係より同社へ保姆に推薦致してこれが勤務中保育■官舎に於て風紀問題迄惹起し多少紛擾したる為四月初旬辞任し六月下旬より横浜市役所保姆四人ある処へ就職致し主任保姆として働いて居り候。多少遠き為交通不便の点有之候得共本人は愉快に目下通勤致し居り候間御安心被成下度候。東京留学生の心機一転して独立等の不可能なるを自覚すると同時に今は殆んど社会主義の研究に心酔し宛も居る状態に有之候得共人数減少の影響を示し居候。今後益御機嫌嬉く御視察の上御帰朝遊さるゝことを遑々御祈禱申上候。敬具

七月廿日　　　　　　東京府庁　崔晩達
守屋栄夫殿 侍史

봉투앞면　Hotel Penney 32nd st 7th ave. New york USA
원사료번호　6-60-7

3 | 1932. 12. 26.

謹啓 時下歳末之候に御座候処先生には愈々御清栄之上政治季節柄色々御繁忙のことゝ存じ候。小生本年も御蔭様にて職務上大過御座なく過し身上何等恙無之居候間御安心被成下度候。陳者先生には時々御来鮮遊され候ことは新聞紙より承知致し居候も時を失し拝眉し得ざるを心寂しく暮らし居候。当地転任の際賜はりたる御言葉に甘へ克己忍苦刻勤致し申し候。当地産松実心計別途小包にて送呈仕候間御笑納被成下度御願上候。先は不取敢年末之御挨拶申上度如斯に御座候。敬具
十二月廿六日

봉투앞면 東京市外滝野川町西ヶ原七四　守屋栄夫閣下 侍史 봉투뒷면 江原道春川郡官舍 崔晩達
원사료번호 84-14-5

4 | 1933. 12. 26.

謹啓 時下年■るか如く暮れ行き候処先生には遠路途中無事御帰東の上御機嫌麗はしく御渉せられ候哉御伺申上候。小生御陰様にて何等恙御座なく候も本年何にをなしたるやと問わるれば啻に合掌し御託する計りの心持に御座候。陳者先般御来鮮の節御繁忙中にも不拘私共の為特に貴重なる時間割き下され種々御教訓を賜はれ只管深く感佩之至りに御座候。先は不取敢御礼申上旁御挨拶申上度如斯に御座候。敬具

十二月二十六日　　　　　　崔晩達

守屋栄夫先生 侍史

봉투앞면 東京市外滝野川町西ヶ原七四　守屋栄夫閣下 봉투뒷면 江原道春川郡官舎 十二月二十六日　崔晩達
원사료번호 85-6-16

45. 韓相龍[138]

1 | 1926. 7. 5.

秘

拝啓 其後は永々御不沙汰仕り誠に申訳無之候。御海容の程願上候。時下炎暑の砌り益御清栄奉賀候。降而小生儀無事罷居り候間乍他事御省念

138 한상룡(1880-1947) 한성은행 두취, 중추원 참의.

被下度候。偖当行の事に就き種々配慮に預り奉深謝候。就きては本春鮮銀より堤専務[139]を入行せしめ爾来刷新案を研究致し居り候処這回朝鮮総督府に於て熱心に御調査御研究の結果愈成案確定し目下着々進行中に有之候。其内容は総督府より相当の貸下金(此金額は未定にして外聞には発表せさる事に申合せ居り候)鮮銀並びに殖銀より有利なる資金の供給を受くる事とし其代り銀行としては誠意を見せる必要上今期の配当は殊に二分減をする事に確定し其一部は既に発表致し置き候。最初多少杞憂致し居り候処発表後世間却へて安心し好感を有之。本支店共何等の影響無之候事は誠に仕合に存候。当行は之より将来は益堅実鞏固に向ふへく喜ひ居り候。当行の事に就き多年　閣下の御心労を煩はし実に恐縮に存候。而して今日の結果を得たるは閣下初め諸賢の御配慮の賜物にして厚く御礼申上候。今後公私共宜しく御指導御援助を賜はり度願上候。草間局長[140]は目下当行用件の為め東上中に御座候。水野閣下には目下洋行中の由書面も差上不出来誠に失礼仕り候。御帰りの後は閣下より宜敷御伝声の程願上候。先右御報告旁御礼申上度如此に御座候。

七月五日　　　　　韓相龍

守屋閣下

봉투앞면 東京市麹町区社会局 守屋栄夫閣下 御親展 七月五日 봉투뒷면 京城府南大門通一丁目十四番地株式会社漢城銀行 韓相龍
원사료번호 85-3-1-6

---

139 쓰쓰미 나가이치(堤永市, 1884-?) 한성은행 전무.

140 구사마 히데오(草間秀雄, 1882-1960) 재무국장.

2 | 1928. 4. 5.

臨時株式総会

拝啓 時下益御健勝被為渉候段奉賀上候。陳者当行臨時株主総会は幸に株主諸氏の■解と同情有之、其の重大事項は短時間にて極めて円満平穏に可決致候事何よりも銀行並に財界の為め仕合せに■上候。小生は総会席上に於て引責辞職を声明致し候処図らすも株主諸氏の同情有之其許否を整理委員会並に重役会に一任する事に相成候。然る処小生は責任上並に四圍の事情如何にも留任不可能の事自覚致し総督並に財務局長に陳情申上候処何れも円満御諒解の上其事情不得已を納得せられ今回当行顧問として留任せよとの御話有之小生快く御承諾申上置き候。茲に於て小生の面目も立ち総督府並に株主諸氏の御厚意も顕はれ誠■好都合に存上候。今後小生は顧問として漢銀の為め努力致度候に付き不悪御諒察被下何分今後共宜敷御指導の程奉願上候。小生の身上に関し種々御配慮に相成候段恐縮に不堪候。先は右御報告之旁御礼申上度如斯に御座候。謹言

四月五日　　　　　　韓相龍

守屋栄夫殿

봉투앞면 東京府下瀧野川町西ヶ原七四 守屋栄夫殿 親展 봉투뒷면 京城嘉会洞九三 韓相龍
원사료번호 10-204
* 원자료가 심하게 파손.

3 | 1929. 7. 3.

秘

拝啓 今刻御多忙の際貴重なる時間を御割愛被下小生の所懐を充分申上且種々御同情の御高話を拝聴致し近来未曾有の愉快を覚へ誠に有難く謹しみて御礼申上候。其際御厚意に甘まえ勝手のことのみ申上失礼の点多々有之候と存し上偏に存候へ共何分御海容被下度尚今後共宜しく御指導御援助を賜はんこと希願上候。尚其節申上置き候三四の希望の点に付き今後貴殿に於かれ御心配を賜はり候時は単に貴下の案として御相談御計り被下度決して小生の希望案として御口外になさゞる様願上候。勿論御女才の事とは存し候へ共為念乍失礼申添候。先右御依頼申上度如此に御座候。

敬具

七月三日　　　　　韓相龍

守屋栄夫様

봉투앞면 府内松峴洞殖産銀行社宅 守屋徳夫氏方 守屋栄夫様 御親展 봉투뒷면 京城嘉会洞一七八 韓相龍
원사료번호 6-52-1

4 | 1929. 8. 18.

拝啓 時下益御清栄奉大賀候。先日御来城の際は失礼仕り候。陳者今回朝

鮮総督には斎藤子爵閣下御就任遊はされ国家の為め誠に慶賀の至りに存し候。朝鮮の山川単木蘇生の感有之。我等慈母を再ひ迎ふる感も有之喜躍愉快に存し候。就きては小生の事に就きて毎度乍恐縮貴下充分御心配被下斎藤閣下へ徹底的御進言小生にして再ひ此の実業界に愉快に御勤する様御引導被下度奉懇願候。斎藤閣下とは従来御知遇を蒙り居り候へ共如斯事は自分としては直接申上くること困難に候はゝ何分貴殿より特別に御心配を賜はり度偏に願上候。小生にして今後斎藤閣下より見棄られんか前途の余望もなかるへく実に悲観する外無之候に就き此点深く御憫察の程願上候。先右御喜ひ申上度御懇願迄如此に御座候。敬具

八月十八日　　　　　韓相龍

守屋栄夫様

侍史

봉투앞면 東京市外瀧川西ヶ原七四 守屋栄夫様 御親展 봉투뒷면 京城嘉会洞一七八 韓相龍
원사료번호 85-4-1-22

5 | 1930. 10. 8.

謹啓 秋冷の候愈々御機嫌麗しく被為渉候段慶賀至極に奉存候。陳者小生儀近日中上京の豫定に御座候に就ては此の機会に久し振りにて拝顔の栄を得度豫め御願申述度如斯に御座候。

拝具

昭和五年十月八日　　　　　　韓相龍

守屋栄夫様

봉투앞면 東京市外瀧野川町西ヶ原七四 守屋栄夫様　親展 봉투뒷면 京城府嘉会洞 韓相龍
원사료번호 10-43

6 | 1931. 12. 13

謹啓 仕り日　　　　　　韓相龍

守屋栄夫様

봉투앞면 東京市外瀧野川西ヶ原七四　守屋栄夫殿 至急親展 봉투뒷면 京城府嘉会洞一七八番地 韓相龍
원사료번호 86-351-15

46. 咸善哉

1 | 1930. 10. 27.

謹啓 御尊名は夙に承り誠心としては早速上京拝顔可致候へ共遥に山河之滞を■■空しく雲樹之思を懐しく奉天を望み乍ら悠々嘆息のみに御座候。時下金風蕭瑟の折柄閣下御起居御清栄之段奉賀申上候。降つて小生拾数年星霜海外蟄伏生活を苦味居候処目下■電■下せる世界的不景気に打撃せられ経営も事業日に逐ひ不利の傾向に陥り甚た痛嘆絶へさる状態に御座候。従て時局別変遷無之場合に於ては当然経済回復極く難問題にて之赤顔致乍ら家豚徳一の卒業時期迄の学資金供給上配慮放さるものと予測すると同時に御承知の通り家豚は本来性質愚頓の上社会の経験及事物上理解極乏しく兼ねて有力なる後見者に無之関係上家豚としては現今家内の生活状態並び自身の将来出世に付煌淘苦痛少らす愚父たる小生としては眠食不安静を難禁する次第に御座候。扨て重没廉恐縮乍ら御依頼申上度事は家豚の来年春卒業後生活維持に付て閣下の御愛顧之御恵に蒙られ卦かりの御銓衡上彼の資格に適当なる職業に就職可居予め申して御願申上候。尚御恩は後日萬分之一も真心を以て可報先は御安否旁御依頼迄。草々敬具

昭和五年十月二十七日　　　　　咸善哉

守屋栄夫閣下殿

봉투앞면 東京市外瀧ノ川町西ヶ原七四　守屋栄夫様　봉투뒷면 支那長春祝町四丁目二番地　咸善哉

원사료번호 10-79

47. 黃德純[141]

1 | 1928. 11. 12.

曠古の御大典記念に際し閣下の御健康を祝ひ併せて高堂の御万福を祈る

141 황덕순(1889-?) 곡성군수, 천안군수, 충남 이사관, 창령군수, 울산군수, 김해군수.

十一月十二日　　　　　　　慶南昌寧　黃徳純

사진엽서 東京府下瀧野川町西ヶ原七四 守屋栄夫閣下
원사료번호 84-3-52

2 | 1933. 7. 28.

拝復 炎暑之候　閣下には近頃如何御起居被御遊候哉御動静の程御伺ひ申上候。陳者此度御慰問を賜はり候本郡水害は近来未曾有の災害にて目下再ひ襲来せし水害防備其の他救済の為誠に閉口仕候。予ねて御願申上置候許萬鎬の件に付ては数回御書面に預け候処、実は本人京城より帰郡し、即後不正貸出し事件発生、之が為殆と破産状態に陥り今の処再起の見込無之従て自動車営業も有や無やに満水出願すら中止せし様の次第にて誠に申訳御座なく候。併し本件は別として更に何等かの方法を以て謝礼可致考究中に有之候間何卒　右様御含み置被下度特に御願申上げ候。最近林学務局長殖銀入りに伴ひ本道渡邊知事へ此の後任として栄転せらるゝ趣に附ては何分宜敷お願申上候。水害事務の一段落を告けたる上は小生東上致度存居候も今の状態にては何れ共確言致兼ね申候。先は右御機嫌御伺ひ旁御返事迄如斯御座候。頓首再拝

七月二十八日　　　　　　黃徳純

守屋栄夫閣下

봉투앞면 東京市瀧野川区西ヶ原町七四 守屋栄夫閣下　親展 봉투뒷면 慶南金海邑 黃徳純
원사료번호 84-15-8

3 | 1933. 9. 2.

謹啓 時下新緑之候愈御清穆に被為渉候段奉慶祝候。降而小生時下無事勤務致居候間乍憚御安心被下度候。扨て先日は御多用中にも拘わはせられず早速御返事被下御懇情難有奉鳴謝候。仰せの通り関水[142]、渡邊両閣下は事実上小生の後援者に相違無之候へ共今後益閣下の御引立を蒙るに非らされば希望成就は到底困難かと存候。兎角御内示の如く一刻も早く面白い舞台か展開されむことを心秘かに御待ち受け申居候。遠からず御渡鮮の御予定に有之候はゞ小生の東上は夫れ迄見合せ度候。多年閣下の御恩顧を蒙りたる小生に取りては只管今後努めて感謝報恩の途を講じ度き念願に御座候。而して近く閣下の御渡朝に際しては先つ其の一端として往復の旅費其の他の費用一切を小生に於て負担す致目下準備中に有之候間右御含みの上可成早く御来朝被下候様切に切に御願申上候。先は右御禮旁御願迄如斯御座候。 頓首再拝

九月二日　　　　　黄徳純

守屋栄夫閣下

봉투앞면 東京市瀧野川町西ヶ原町七四 守屋栄夫閣下 親展 봉투뒷면 慶南金海邑内 黄徳純
원사료번호 84-18-45

142 세키미즈 다케시(関水武, 1883-1939) 함남지사, 경남지사.

4 | 1933. 12. 11.

拝復 時下寒冷の候益御清安に被為渡候段為邦家奉慶祝候。陳者御滞鮮の際は何等御表誠も無之失禮致候。御着京の上は一層御繁忙の筈なるに早速御書面御発送に預り難有奉鳴謝候。先は右不取敢御禮安御案着御慰問迄如斯御座候。頓首再拝

十二月十一日　　　　　　黄徳純

守屋栄夫閣下

二伸

先日釜山御離陸の際小生の件に付ては関水知事に御話被下候御事と拝察致候得共若し時間所の御関係にて御話無之候場合には何卒御手紙にて何分宜敷御願申上候。

봉투앞면 東京市瀧野川区西ヶ原町七四番地 守屋栄夫閣下　봉투뒷면 朝鮮慶南金海 黄徳純
원사료번호 84-16-16

5 | (연도불명) 1. 6.

謹啓 時下新春之候。閣下並高堂皆々様には御揃ひ御安泰に御起来被遊居候段為邦家芽出度申納候。降而小生儀以御陰無事高齢を加へ申候間乍憚御安神被成下度候。別途本郡産海苔は甚た軽少且粗品なから新年の御祝として御送付申上候間何卒御笑味被下候はゞ本懐の至りに御座候。

先は右新年祝旁御挨拶申述度如斯御座候。頓首再拝

一月六日　　　　　　黃德純

守屋栄夫 閣下

二伸

本道松下内務部長[143]宛『小生の身上に対し特に御庇護相成候様致度き旨』何卒御手紙一札御送り被下度。実は客秋閣下御渡鮮被遊候際御親切なる御言葉を賜はりたることも有之旁御懇情に甘へ如斯御願ひ申上ぐる次第に有之候。理由　御承知の通り本道渡辺知事閣下には外地へ転出せらるゝやの噂相伝はり申候処是迄に至りては一層之か■厚となり愈々実現に傾きつゝある形勢も相見へ候に付ては今後益々松下部長の心証を好くするの要ある此際是迄隅々本部落東水利組合創設の件に関し多少同部長の誤解を招きたる節も有之候。就ては此際閣下の御言葉添へを戴くに非らされば前途義は悲観の状態に陥るやも難計きを以て右特に御願ひ申上くる次第に御座候。

봉투앞면 東京市外瀧野川西原七四 守屋栄夫殿 急親展 봉투뒷면 朝鮮慶南金海官舍 黃德純
원사료번호 85-5-24

143 마쓰시타 요시사부로(松下芳三郎, 1890-1945) 경남 내무부장.

48. 洪奭泳

1 | 1933. 4. 5.

謹伏 春和日暖之時閣下政務上益々御清穆候。閣下先月御退鮮爾来御無沙汰致しましで誠に失礼致しました。就白閔子爵様には其後益々御康健で実に喜んで居ります次第て御座候。近日の各新聞を繰合てみますと多年閔子爵の希望李王職長官の件は好期に有ると存じ候甚だ却つでてすが閣下への御尽力に依り是非供も実現のあるたることを伏して伏祝致しており 閣下特に侍生の蕪辞を御恕して下さいませ。随時 閣下の政体萬康を謹伏祝致します。草々謹具。

奥様にも御鳳声を待て下さいませ。

昭和八年四月五日 侍生 洪奭泳 頓首再拝

守屋栄夫閣下

봉투앞 東京市瀧の川区西ヶ原町 守屋栄夫代議士閣下 봉투뒷면 朝鮮京城雲泥洞四六一二 洪奭泳 伏呈

원사료번호 83-12-3

3

제삼자 서한

1. 姜星熙

1 | 1921. 8. 8.

八月八日夕 本日午后一時半出張先より帰りまして四日及七日正午の頃手紙拝読致しました。徳在面上甫洞更生農家十五戸全下甫洞十七戸両洞共各五十名程出席中婦人十名位居りまして孰れも熱心に聴講致しました。講演は午后九時より十時半迄でございました。終日働いて短夜を以て翌朝準備等の為め無理に長い話は反て減すへき効なきを以て出来だけ簡単に致しましたけれ共農■の趣旨は徹底致しました。上下洞共格別学識ある人物の乏しく上洞には 禹允瑞六十才位の人禹濟斌四十才程の人比較的有智者と見受けましたが両人共学識は乏しいのでございます。下洞には区長朴元植五十九才が一番有力人でありますが又学識は乏しいのでありました。此の部落一番山間部落でありまして資産家も学識人物も居ない処でございます。然し学識ある人なくても相当理解力ありまして皆感喜信用を得る迄になりました。本面は面長昨年七月より面事務所より二里半位なる■■■興水駅に雑貨店を開き全然此処に移住して商業を営みて居ります。面事務所には月二三回位見へるか何か解りませぬ。三か月程前に辞表を提出して居るもの丶于今后任を見ないて萬一ヶ年間面長は全く有名無実の癀務となりてあるのに而かも本面は極めて貧面で書記も少数で面事務上大打撃で随て更生農家の指導は全く空て前田指導したる事柄中一つも未整理の侭郡の出張者各職員の指示事項のみ指導が記載しありても何等用を為ないて此等の内情は郡職は皆見て居るもの丶上司に其実況が達しないと見へますに、独り小生が之を摘発告達するのも如何がかと爾来躊躇致して居りおりますが今度は或程度迄郡守様に明日ても申上げたいと考へて居ります。如斯の例は恐らく他郡地方に余りないと思ひます。何と云ふ内情か全く解りませぬのでございます。他は御拝顔の機に申上げげたいと思ひます。内務部長殿の御親書を小生に御示めし下たされまして恐感交差でございます。永同郡更生回券の新聞切片拝見感心致して居ります。従来は金満家も寄附や公益事業などに甚た等閑なりし処近来漸次覚醒して学校や道路や公会堂や貧民救済などにたんたんと出金するやうに成りましたことは此の社会が各自の社会なるに目が醒めたので誠に可喜の現状でございます。過般上げましたる四律一首は単に小生の拙感でありまして敢て詩などには相成りませぬのに先生には之を詩と容れられ之を御訂正下たされ御記念と成さることは誠に小生は感喜且光栄とする所でございます。后日早速浄書の上封呈致したいと思ひて居ります。先生の御稿正に依りまして本当の詩に成りましたと思ひます。御教示の識荊は大層好句で以前の小生の句より詩味を増加致たされました「生不用封萬戸侯但願一識韓荊州」全意を含みました■人接物を■り俗に過ぎたるに接人処事は実状画出せられたので傷時搡守堅も亦同様微忱より別離を始め就中但友好二字だけの恐或的景暮又或以効範如何なるやと考へて居ります。尚も詩句に不合となりたり。又は先生の御意に反しましても不宜なるを以て種々考へで居ります。

봉투앞면 京城府桜井町二の一五六　細川貞之丞[144]殿 봉투뒷면 沙里院東里一二八の九 姜星熙
원사료번호　9-14-14

2 | 1921. 12. 21.

十二月二十一日夜

十九日下たされました御手紙は昨午后双山面より帰邑致して拝読致しました。部落委員の講習は完了致しました。其の状況及効果等に就ては大體に於きまして形多く実少き状態でありまして後日詳細に申上たいと考へて居ります。今月二十九日より一月三日迄六日間京城へ私事旅行致したいと考へて居ります。其際に色々と所懐を申上げたいと思ひます。寒中御健康祈上げます。

봉투앞면 京城府桜井町二の一五六　細川貞之丞殿 봉투뒷면 沙里院東里六八 姜星熙
원문서번호 4-1-7

3 | (연도불명) 11. 20.

十一月二十日夜

本日海州上町の木村氏四十四五歳位の僧様が来郡せられ邑事務所楼上に於て午后三時より約二時間心田開発の為め非常時国民の覚悟の題に就て御講演がありました。三十五人位の出席者静聴致しました。国民精神作興上善い話もあり又感心不能も点もありました。書面にて申上難い故に他日御拝顔の機に申上げたいと考へて居ります。社会課長二

---

144 호소카와 사다노조(細川貞之丞, 1868~?) 조선정보위원회 촉탁.

十五日来郡の旨本日道より通知がありました十八日号浄書同封御送上致します。十七日午后差上げました手紙は御覧に成りましたと存じます。

第十八号　各村出張中講話摘要

法規の厳守に就いて

億兆の民生が悉皆君子ならざる限り中には小人の為め仁者の生命財産を保存する能はざるに至るべきを以て国家は法規を定め以て小人を制し仁者を保護するものなるに世人中には或は斯の解り切りたる事理を解せざるものゝ如く動もすれば文明社会に於ける法規の煩雑を嫌忌し或は徒に官憲を誹謗し或は法律を暗誦し置くに非れば処世上困難なるを云為するものあれど元来法規は人智の進むに従ひ時々之を改定し漸次緊密となり又緊密に成れば成る程国民の保護は益々完全となるものにして法規の周密や官憲の厳重なる等は国内の秩序を保ち民生の安定を期するが為なり。例へば多量の潔白なる美繭の中に少数の病繭を放置する時は其の醜汁に依り美繭を汚すものなるを以て之を取り除くが如く善良なる民衆の中に一部不良者を罰し之を除くものなれば国民は法規に対して各自の生命同様之を愛し之を重んじ之に遵ひ之を守るべきは勿論法綱や官憲の蔭中に於て夫々其の堵に安じ其の業を楽むなり。尚法官や弁護士の如き職務に従事する者の外は法律を暗誦するの要なし。何んとなれば小人物欲の為め不善を為すは皆其の不正を知りつゝ之を敢行すればなり。故に法規の内容を窺ふの要なく自己の行はんとする所を良心に照らして自ら恥じる所あるに於ては必ず法に触れたるを知るべく又天を仰ぎ地に俯して自己の行為に恥じる所なき時は如何なる法規を繙くとも断じて触れたる所なきを知るべし。然るに之に反して法規を窮地する所の小人には或はは之を悪用して自ら刑砕に触れるものなきにあらず。苟も文明の現代に処して安全且つ愉快なる生活を営んと欲すれば法規や官憲の如何を尋ねる遑なく総ての事物に対して只単に各自の良心に従ひ正しき道を履み其の間の是非曲直は一々国法に信頼すべく若も之に反して国法を無視し自手を以て仇を打ち又貸金の如き償還せざる債務者に対して其の所有物件を勝手に強取せんとすれば秩序を紊るものなり。苟も文明の国民生活は権利及義務共夫々法に頼り之が万全を図るべきを以て総て誠心を以て法規を尊重し之を厳守するやう相互に注意せらるべきなり。

鳳山郡地方改良主事　　　　　姜星熙

봉투앞면 京城府桜井町二の一五六　細川貞之丞殿 봉투뒷면 沙里院東里六八 姜星熙
원문서번호 4-1-28

2. 沈壽官

1 | 1930. 11. 29.

拝啓　先日は遠路山田舎まで御来訪下され候へ共全く御不行届き千万にて誠に御恐縮に存じ上げ候。何卒御寛容下され度幾重にも御願ひ申し上げ候其御帰城遊ばされし事と御拝察申し上げ候次に私事も頑健にて消光中にて御座候間御放念願ひ上げ候。就ては御多忙中誠に御恐懼に存じ申し候へ共御賢台の御高見御伺ひ申し上げ度く微衷を御披瀝申し上げ候間御指導の程偏へに願ひ上げ候。私事御承知の環境に生れ申し特に社会の為めに尽力致し度き趣味を有し候処第七高等学校独法科を卒業後軽微なる肺炎加答児に犯され、三四か月後に全快仕り候へ共医師より二、三年間修学の中止を命ぜられ申し殊に父没後男子は私一人の家庭にて御座候故二か年位の静養を決心仕り祖業の継承と郷土の顕彰に熱中仕り其後弊家代々継続の陶器業を適当の者に代理せしめ最初の目的を貫き度く郷土を出で度く存じ居候へ共祖先の歴史と家業の為めに内外の諸名刺の来訪次第に滋く殊に大正十年十四日斎藤総督閣下御夫妻御来訪以来朝鮮同胞の来訪する者数千に達し各道知名の士を多数知己として有し申し之等の刺激にて私も大正十三年並びに一昨年、昨年、今年迠四回の渡鮮を以て御地各道の主都、名勝等概ね歴訪仕り間島安東県へも参り申し私には殊更関係深き御地の周遊を終へ感興特に深く御座候此の為め郷土にても周囲の反対を排し内鮮の関係に於ける私の固き信念に於て郷党も誘導し、つとめて朝鮮関係の遺物遺跡の保存に尽力仕り後世の何物かに資する所あらむと考へ申し世を挙げて物質万能の気風に進みつゝ御座候真つ只中に性来の趣味と信念の為め片田舎の歴史の地に献身的に努力仕り居申し候。此の趣味の為め数回朝鮮旅行を企て申し一昨年、土師商工課長[145]（鹿児島市の人、私と中学時代同窓の人）等の推挙にて内務局の嘱託（無給）の辞令をいたゞき居申し候。私事官途に奉職の経歴無之候へ共家業は適宜の方法にて永

145 하시 모리사다(土師盛貞, 1888~?) 식산국 상공과장.

遠に伝ふる事といたし家名を維持し私は不肖微力にには御座候へ共私の趣味が最も一致し、関係殊更に深き朝鮮同胞の為め、又邦家の為め朝鮮にて尽力仕り度く私共夫妻共熱望仕り事業等の企ても考へ申し候へ共恰好の事業思ひ付き申さず、其の為めに官界或は実業界に奉職し私に適当せる方面に一生を働かせ下さる様念願仕り候。全くの新参者に御座候へ共私の熱烈なる趣味と朝鮮人同胞への私の一縷の温情は或は相当の成果ある事と確信仕り候上記の所信を有し申し候処御賢台の御鑑識に依り適当の奉職の道は御座無く候哉御伺ひ申し上げ候目下の世相にては全く就職難と存じ候も私の第一の希望は官界に御座候処さしあたり有給の嘱託として総督府等にて御用仰せつけ下され将来は何なりと御申し付け下さる事にもなり候はゞ光栄之れにすぐる事無之候。官界緊縮の今日至難の事とは存じ申し候へ共斎藤閣下の御在職其他本府並に各道高官へ御知合ひとなり居申し候処の此の好機且つは私も青春の元気に満てる今日に於て万策を尽して此実現を祈り居る次第にて御座候。就職至難の今日、方法に依りては多少の可能性ありとの御見込みなれば内鮮何れかの最有力者を以て　斎藤閣下へ直接御相談申し上げてはと存じ申し候。勿論官界には定員ある事と存じ申し候に付きなるたけ早く適当の時に御採用を願ひ度く存じ申し候。当分官界の就職絶望に候へば其目的に副ふ実業界にても宜しく此方面は如何なる職務恰好に御座候哉御示教願ひ上げ候。此方面も多数の有力者に知己を有し申候。右誠に唐突の御願ひにて且つ無経験者の就職願又中年の私の願ひにて御示教実に御迷惑の事と萬察仕り候へ共私の微意御諒承下され私の希望の恰好の職務及び目下御採用の可能唯幾分にても御座候哉御賢台の御意見御知らせ下され度く偏へに願ひ上げ候。右の事情極秘裡に御尋ね申し上げ候に付き左様御含み願ひ上げ候。何事他言下さらぬ様切に願ひ上げ候。右希望実現出来申し候へば愚妻は教育家の経験有之候に付夫妻共に朝鮮同胞の為め尽力致し度く存じ居申し候。御賢台御多忙中誠に恐れ入り申し候へ共右適当の御考察下され御示教下され度願ひ上げ候。時下向寒の砌御賢台御尊体御自愛専一に祈上候。十一月廿九日　沈壽官　細川貞之丞様

봉투앞면 朝鮮京城府総督府総務課細川貞之丞宛様親展 봉투뒷면 鹿児島県日置郡下伊集院村苗代川沈壽官
원문서번호 9-14-1

3. 沈衡鎮[146]

1 | 1922. 5. 5.

粛啓　四月廿五日付御申越の件拝承仕候。就ては愚稿の如きは敢て雑誌の資料に供すたけの価値も無之に不拘御推定被下候段誠に有難御礼申上候。折角の御下命に候へば敢て異存無之候間何分宜敷御願申上候。実は早速御返事可申上筈の処折悪しく旅行不在の為め今日迄遅延致候段万々恐縮に不堪御座候間何卒御海容被下度候。却説風説に拠れば今年は壬戌の年なるを以て秋七月既望の佳節をトし聊か蘇東波の古跡を倣ふへく遑に支那の赤壁江へ遊覧せしむへき予定を以て目下全鮮名伝家を募集しつゝ居るとのこと聞及候処その真否は詳知せさるも果して事実に御座候はゞ不肖も及ばすなから参加の栄を得度乍勝手御願申上候。右は御返事迄如斯御座候。敬具

五月五日　沈衡鎮　細川様

御壮健を直観して実に御珍しく存候。貴下は有終之美を河之京城之天地に活躍せらるゝは欣羨之至に候。尚今後益々御自重何れ参上之節は御鄭重なる御饗応に預り私よりは御返礼も不胸心誠に汗顔之至りに不堪御厚礼申上候。御心配被下候三男之病気も漸次快方に向ひ安心して帰途につき申上候処日増好良之由平壌之病院より申越候間御休神被下度

146 심형진(1881-1950) 유림, 보은군수.

候。近々之内小生所所蔵之画幅貴宿え御届可申上、実は売却致度御面会之際御懇話申上兼候処一応御高覧に入度詳細は更に申上けべく候。草々

十二月十日　　　　　　　守屋達成

細川貞之丞様　玉案下

「朝鮮の旅より帰りて」の原稿校正

봉투앞면 朝鮮京城府総督府庶務部文書課情報係 細川貞之丞殿 봉투뒷면 忠北道々庁　沈衡鎮
원문서번호 9-14-52

후 기

최근 몇 년은 끝날 때까지 끝난 것이 아니다라는 말을 실감한 기간이었다. 95% 이상 글자를 판독해 입력했는데, 나머지 5%의 난독자를 독해하는 일은 정말이지 지난한 과정이었다. 이 사료집을 활자화하기 시작한 것은 아세아문제연구원의 HK교수로 부임하면서부터였다. 한국연구재단 인문한국사업의 일환으로 아연의 오랜 전통인 사료편찬을 제안했다. 첫 사료집으로 사이토 마코토 조선총독과 그의 최측근인 아베 미쓰이에가 주고받은 서한을 선정했다. 오래 전부터 초벌 탈초를 해놨기 때문에 빨리 출판할 수 있으리라 판단했기 때문이다. 하지만 난독자가 적지 않아 출판이 지연되면서 출판을 미루고 판독이 쉬울 것 같은 서한들(조선인이 모리야 에이후에게 보낸 편지)을 번각하기 시작했다. 막상 번각해보니 조선인들이 보낸 서한 역시 해독이 만만치 않았다. 정통적인 일본어 초서체도 아니고 때때로 문법이 틀려 의미가 통하지 않는 부분이 적지 않았다. 게다가 어렵게 원고가 완성되더라도 팔릴 것 같지 않아 출판을 포기할까 생각한 적도 한두 번이 아니었다. 다행히 많은 사람들의 조력과 격려로 무사히 출판을 마칠 수 있었다.

먼저 동북아역사재단의 지원을 받은 모리야서한 강독회에 참여하면서 출판을 응원해 주었던 박준형, 이정선, 김동건, 이현희, 정예지, 임이랑, 전영욱, 양희정, 장현아, 류정선 선생님께 감사한다. 강독회, 윤독회를 통해서 글자 오류를 바로잡고, 발신일을 확정하여 초고의 완성도를 높일 수 있었다.

다음으로 초고의 일부를 읽어주신 홍익대의 방광석 선생님과 한문 서한을 번각해주신 단국대의 박영미 선생님께도 감사드린다. 선생님들 덕택에 해결하지 못한 난독자가 줄었다.

마지막으로 이시바시 미치히데(石橋道秀), 미야모토 마사아키(宮本正明, 와세다대학) 선생님은 난해한 글자의 해독을 도와주시고 감수해주셨다. 선생님들의 꼼꼼한 감수가 없었더라면 자칫 아주 부끄러운 책을 세상에 낼 뻔했다.

이렇게 오랫동안 준비해왔던 끝날 것 같지 않은 작업이 많은 사람들의 조력으로 겨우 마무리되었다. 하지만 두 번째 사료집을 끝냈다는 안도감보다는 불안이 떠나지 않는다. 사람들은 일본어가 쉽다고도 말한다. 그런데 내가 아는 일본어는 글자 하나(한자, 히라가나)에 따라서 뉘앙스가 달라지고, 긍정과 부정의 무게와 경계가 우리말과 '많이 다른' 섬세하고 어려운 외국어이다. 문화통치시기의 1급 사료를 겁 없이 출판해서 도리어 독자들에게 누를 끼치는 것이 아닌지 걱정스러움이 여전히 내 마음 한 곳을 누르고 있다. 하지만 고문서 해독이 가능한 소수의 몇 사람이 사료와 그 해석을 독점하는 것보다는 많은 연구자들이 공유할 때 연구의 새로운 지평이 열릴 것이라는 기대감을 조금 더 앞세우며 출판을 결심해 본다. 독해하지 못한 글자가 아직도 남아 있어 많이 부족한 사료집이지만 제현들의 많은 질정을 바란다.

색인

조선인

姜琫烈 289

姜星熙 26, 28, 36, 38, 128, 304, 305, 306, 308

姜昌基 128, 129, 130

権寧玉 134

権星玉 131, 132

権重学 134

権泰用 25, 35, 36, 132

金嘉鎮 53

金基善 25, 26, 32, 35, 36, 137, 138, 139, 140, 141, 142, 143, 144, 145, 146, 147, 148, 149

金基永 282

金琪邰 25, 26, 35, 36, 142, 150, 151, 152, 153, 154, 155, 231, 237

金基煥 36, 144, 155, 156

金鳳洙 144, 146, 147, 148

金瑞圭 198

金性洙 41

金誠鎬 142

金英鎮 26, 36, 164, 165, 188

金玉均 188

金完燮 167

金潤晶 188

金仁龍 169

金在瀅 168

金種卓 154, 230

金重世 141

金漢睦 26, 36, 168, 169

金漢秀 169, 170

金寛鉉 186, 188, 239

南基允 26, 36, 171, 172

南延椒 134

柳承欽 26, 36, 172, 173, 174, 175

閔元植 27, 37, 56, 77

朴斗寅 145

朴琫旭 142, 143, 144

朴相駿 188

朴容萬 95

朴重陽 25, 26, 35, 36, 184, 185, 186, 187, 189, 190, 192, 193, 194, 195, 196, 197, 201, 202, 203, 204, 205, 207, 211, 212, 213, 214, 215, 216, 217, 218, 219, 220, 223, 224, 225, 226, 227, 230

朴春琴 152, 236

方漢復　25, 35, 230, 231, 232, 233, 234, 235
徐相熙　150, 151, 236, 237
徐載弼　77
石明瑄　25, 26, 35, 36, 163, 237, 238, 239, 240, 241, 242, 243, 244, 245, 246, 247
石鎭衡　197
鮮于金筍　47
孫秉熙　56
宋種憲　239
申錫麟　197
申長湜　260
愼宗三　270
愼宗元　250, 269, 271
申鉉求　25, 26, 35, 36, 251, 252, 253, 254, 255, 256, 257, 258, 259, 260
沈福鎭　164
沈宜昇　26, 36, 261
沈衡鎭　28, 38, 312, 313
呉相根　265
安永基　75
安鐘淳　75
安俊植　156
巖昌燮　27, 36, 263
嚴柱明　27, 36, 262
呂運亨　50
呉斗煥　263, 264
兪萬兼　26, 36, 265, 266
兪星濬　188, 197
劉鎭淳　26, 36, 266, 267
尹澤栄　50
李堈　37, 52, 53, 54, 146
李光洙　37, 41, 42
李肯鍾　100
李基東　142
李道賢　24, 37, 40, 41
李東雨　26, 36, 267, 268
李東輝　104
李範益　131, 198, 255
李相協　41
李承晩　104, 105
李源讚　26, 36, 268, 269, 271
李鍾國　174
李周渕　74, 75, 77, 78, 93, 102
李秉鎭　24, 46
李軫鎬　25, 26, 35, 36, 193, 271, 272, 273, 274, 275, 277, 278, 279
林鍾能　100
林八用　190
張憲植　26, 36, 188, 285, 286, 287, 288
張徳秀　50
鄭民澤　146
鄭漢卿　77
秦学文　41
崔南善　41

崔晩達 26, 36, 288, 289, 290, 291
崔在倚 234
韓圭復 188, 197, 255, 258
韓相龍 25, 27, 35, 36, 291, 292, 293, 294, 295, 296
韓昌洙 276
咸善哉 296, 297
許萬鎬 298
玄楯 77, 95
洪奭泳 176, 177, 302

일본인

阿部充家 24, 37, 40, 41, 42, 44, 46
赤池濃 21, 32, 53, 58, 64
甘粕正彦 229
安達謙蔵 226
有吉忠一 202, 208
生田清三郎 198, 252, 253
池上四郎 193, 194, 195
池田秀雄 224
伊澤多喜男 275
石黒英彦 131
伊藤武彦 59
岩間亮 65
犬養毅 117
井上準之助 117, 216
今井田清徳 258
今村武志 145, 146
宇垣一成 174, 206, 220, 221, 223, 224, 226, 243, 244, 256, 257, 258
宇佐美勝夫 202
江木翼 214
遠藤柳作 17, 30, 235, 288
大塚常三郎 59, 73, 173
大西一郎 116
岡崎哲郎 254
小河正儀 185
香椎源太郎 146
古賀廉造 52, 53, 70
草間秀雄 292
国分象太郎 50
児玉秀雄 205, 207, 208, 209, 210, 211, 212, 218, 274, 275
後藤新平 60
近藤常尙 145, 253, 254
斎藤斉 58
斎藤実 25, 30, 31, 32, 34, 37, 47, 49, 51, 52, 54, 56, 57, 58, 59, 61, 63 ,64, 65, 66, 67, 68, 69, 71, 72 ,73 ,74 ,146, 164, 174, 188, 190, 191, 196, 197, 204, 205, 206, 207, 208, 209, 210, 211, 212, 213 ,218, 222, 224, 227, 229, 233, 238, 239, 240, 243, 244, 252, 255,

256,257, 258, 260, 261, 262, 272, 274, 275, 281, 283, 295, 309, 310
佐藤正孝　147
澤田豊丈 148
四竈孝輔　57
下岡忠治　173, 188, 206, 207, 208, 209, 285
庄司秀雄　23, 34, 176, 178, 235, 279
白上佑吉　47, 78
白石忠次郎　60
沈壽官　28, 38, 308, 311
末永節　53
鈴木喜三郎　226, 229
菅原通敬　241
須藤素　197
関水武　299
仙石貢　218
竹内健郎　237
千葉了　53, 95, 100, 105
堤永市　292
寺内正毅　23, 34, 190, 225
時永浦三　57
床次竹二郎　226
鳥居龍蔵　24, 37, 43, 46
中野太三郎　198
中村寅之助　198
半井清　70, 95, 98, 100, 101
新島襄　119
土師盛貞　309
鳩山一郎　226
浜口雄幸　205, 207, 228
林権助　55
原敬　18, 30, 207, 208
福田雅太郎　206
藤井寛太郎　240
藤原喜藏　20, 31, 173
古橋卓四郎　192
細川貞之丞　28, 38, 305, 306, 308, 311, 313
前田米蔵　226
牧野伸顕 227, 228
政尾藤吉　64
松下芳三郎　301
松田源治　214
松永武吉　59
松村松盛　20, 23, 31, 32, 34, 72, 143, 257
丸山鶴吉　53
水口隆三　198
水野錬太郎　30, 31, 32, 34, 53, 56, 124, 177, 188, 189, 190, 191, 205, 207, 208, 209 225, 238, 239, 275, 279, 292
三土忠造　226
南次郎　220
守屋德夫　17, 66

山上昶　95
山崎真雄　281
山梨半造 193, 195, 196, 197, 201, 202, 203, 205, 206, 211, 221, 222, 244, 245, 275
山本忠美　24, 25, 37, 38, 74, 93, 95, 98, 101, 104, 106, 108, 110, 111, 112, 115, 117, 119, 122, 123, 124, 125, 126
米田甚太郎　142
湯浅倉平　173, 208, 209, 211
若槻礼次郎　205, 214
渡瀬常吉　102

서양인

Appenzeller, Henry Dodge　60, 62
Edwin W. Koons　99
Frank William Schofield　82
George Wambull Ladd　93
Herbert Welch　60, 62, 99, 124
Oliver R. Avison　82
Samuel Austin Moffet　82
Sidney Lewis Gulick　105, 115, 116